JN296088

だれでもできる自己発見法

自己評価分析入門

渡辺康麿 著

ミネルヴァ書房

はじめに

"現代は，自己評価不安の時代である"。

現代社会に生きる私たちは，誰でもが，心の奥深くに自己評価不安を抱えて生きているのではないでしょうか。さらに，一歩踏み込んで言うなら，誰でもが，知らず知らずのうちに，自己評価不安に駆りたてられているのではないでしょうか。

今，私たちを取り囲んでいる社会は，歴史上，未だかつてなかったようなスピードで変化しています。しかも，その変化の行く先に，どのような社会が待ちうけているのか，誰にも見当がつかないのです。

私たちは，大きなダンプカーの荷台に詰め込まれ，押し合い，圧し合いしています。その私たちを乗せて，ダンプカーは，ものすごいスピードで走り続けてゆきます。

ダンプカーの荷台にいる一人が，あまりのスピードに恐れをなし，トラックの荷台から運転席をひょいと覗き見たところ，その運転席には，誰もいないのです。

今，私たちは，この譬え話のような状況にいて，私たちの足許そのものが，ぐらぐらと揺らいでいるのではないでしょうか。

現代社会では，企業の倒産は決して珍しいことではありません。いつでも，どこでも起こりうることです。もし，自分が所属している会社がなくなってしまったとしたら，どうでしょうか。会社の一員として，自己を定義し，自己を評価することはできなくなります。市場の変化によって，どんな大企業であっても，倒産する可能性がはらまれています。それゆえ，私たちは，所

属する職場によって，あるいは，職業によって，自己を定義し，自己を評価することが難しくなってきています。

それでは，家庭ではどうでしょうか。現代社会においては，企業の倒産と同じように家族崩壊が起こっています。離婚の件数は年々増えています。数分間に一組の割合で離婚が行われていると言われています。私たちは，家庭という集団によって，自己定義し，自己評価することができなくなってきています。

また，家族の形態もさまざまに変化してきています。

結婚しない人が増えてきています。さらに，未婚の母，同棲婚，同性同士の結婚など，これまでの家族の形態には当てはまらないような形が社会の中で受け入れられるようになってきています。すると，従来のような，女性であれば自分を"誰々の妻"として，男性であれば自分を"誰々の夫"として，自己を定義し，自己を評価することができなくなります。

それゆえ，家庭崩壊や家族様式の変化などによって，家族の一員として，自己定義，自己評価することも困難になってきていると言えるでしょう。

さらに，地域社会も，自己定義にもとづく自己評価を保証するものではなくなってきました。

昔は，私たちは，ある特定の村や町の共同体に属し，生活していました。けれども，今日，私たちは，移住しようと思えばどこにでも移住することができます。それゆえ，どこどこの地域の住民として自己をしっかりと定義し，評価することができなくなっています。単身赴任などが，その良い例です。自由に住み替えることができることによって，昔のように特定の村民や町民として自己を定義し，自己を評価することが難しくなってしまったのです。

学校は，どうでしょうか。今や，学校も，家庭と同じように，子どもたちの居場所ではなくなってきました。

学校に行かない子どもたちが，年々増えてゆき，今や，10万人を超えるようになりました。さらに，学校に学びに行かないだけでなく，職場に働きに

行かない若者たちも，年々増えつづけ，その数は200万人に達すると言われています。もはや，子どもたちは，学校に所属することによって，自己を定義し，自己を評価することができなくなってきた，と言ってよいでしょう。

このように，私たちは，職場，家族，地域，学校などの集団に所属することによって，自己を定義し，自己を評価することができにくくなっています。

特定の集団に所属することによって，自己評価する代わりとして，私たち現代人は，さまざまな文化団体によって，たとえば，スポーツ団体，芸術団体，学術団体，宗教団体などに参加して，自己評価しようと試みます。すなわち，特定の文化集団に参加して，特定の文化的価値を共有し，その文化的価値を実現することによって，私たちは自己評価しようと試みます。また，インターネットにおいて，同じ趣味を持つことによって，自己評価しようと試みます。しかし，このような文化団体や趣味団体は，たえず，結成され，たえず，解散しています。

それだけではありません。今日，文化的価値基準自体が激しく変化し，多様化し，流動化しています。とすれば，文化的価値基準にもとづいて，自己評価することは難しい，と言ってよいでしょう。今や，特定の社会集団に所属していることによっても，特定の文化価値を共有し，実現することによっても，自己評価することはできなくなってきたのです。

このように，あらゆる社会制度や文化規範が激しく変化しています。この激しい変化が私たちのうちに自己評価不安を引き起こします。

このようなモノサシがマチマチで，しかも，揺れ動いてやまない大衆社会は，自己評価不安に覆われている社会だ，と言ってよいでしょう。私たちは，誰でもが訳のわからない不安の中で暮しているのではないでしょうか。自己評価不安の中で生きるということは，私たちのうちにさまざまな精神的，身体的なストレスをひき起こします。さらには，私たちを精神的，身体的病いへと追いこんでゆきます。このような自己評価不安を克服する道はあるのでしょうか。

私たちは，ともすると，目の前の変化に目を奪われ，その変化に対応することに追われがちです。その結果，その変化の波に翻弄されることになります。今，私たちに求められていることは，いったい，何なのでしょうか。

　自己評価不安に突き動かされて駆け出す前に，ちょっと，立ち止まって，自分と向き合い，自分を見つめ，自分自身が最も心の奥底で願っていることを突きとめることではないでしょうか。そして，私たち一人ひとりが，その願いにもとづいて，生きる道を見つけ出すことではないでしょうか。

　自己形成史分析は，自己自身をもっとも深く理解しうる理論と方法です。自己形成史分析理論にもとづく，自己理解に到達する道として，いくつかの道を挙げることができます。自己評価分析は，そのうちの一つの道です。自己評価分析に取り組むと，自分が自身をどのような価値基準にもとづいて，どのように自己評価をしているかが見えてきます。さらに，その自己評価から，どのような感情が生まれ，どのような欲求が引き出され，どのような行動となってあらわれるのかを，確かな実感をもって，自覚できるようになります。

　自己評価分析は，特定の既成の価値概念（基準）にもとづく関心によって，現実の一面だけを切り取って，肯定的，あるいは，否定的に評価することから距離をとることを可能にします。自己の自己自身に対する評価や，自己の他者に対する評価のとらわれから解放し，よりリアルな現実に対する認識を可能にします。言いかえると，より広い視野とより深い洞察にもとづく現実認識を可能にします。自己の存在や他者の存在を一定の価値基準で比較評価するのではなく，自己の存在や他者の存在をかけがえのない存在として認識できる可能性が開かれてきます。読者の皆さんが，この方法を実践することによって，新しい未来を切り開いて下さることを切に願っています。

著　者　渡辺康麿

だれでもできる自己発見法
——自己評価分析入門——

目　次

はじめに

第1章　自己評価分析の意味 …………………………… 1

　第1節　自己評価分析の成立　　1
　第2節　自己評価分析とセルフ・カウンセリングの相違　　3
　第3節　自己評価分析の究極的狙い　　7

第2章　自己形成史分析の理論 …………………………… 13

　第1節　自己形成史分析とは？　　13
　第2節　私たちの自己形成　　16
　第3節　自己の歴史意識の探究　　21
　第4節　究極的願いの発見　　28
　第5節　世界の三次元　　33

第3章　社会的自己形成の三類型 …………………………… 47

　第1節　社会的自己形成の解明　　47
　第2節　三類型の自己評価の試み　　56

第4章　自己評価分析の方法 …………………………… 99

　第1節　分析記録の実例　　99
　第2節　場面記述の段階　　132
　第3節　場面分析の段階　　134
　第4節　関係別分析の段階　　147
　第5節　自己評価の試みの読み取りの段階　　148

第5章　自己評価分析の体験記……………………………………… 153

- **体験記**　自分勝手はいけないというモノサシ
　　　　　──仲間はずれにされた場面を自己評価分析して ……井野輝子…153
- **体験記**　論文発表をためらわせた私の自己評価………桝岡利昭…160
- **体験記**　父から恩を着せられたと思い続けた私……新井さくら…167
- **体験記**　モノサシからの解放
　　　　　──ガンの不安を抱える中で ………………………勝田かんな…175

おわりに──"全現実存在受容"を目指して　*183*

第1章　自己評価分析の意味

第1節　自己評価分析の成立

1. 自己評価分析は，自己形成史分析を母胎としている

　自己評価分析は，自己形成史分析の理論から生まれた，一つの方法です。自己形成史分析は，大きな自己形成史表を作成して，自分の全自己形成史をふり返る方法です。どのような時期において，どのような領域のなかで，どのような人物に出会って，どのような関わりをもったか，というエピソードを，その表に書きこみます。その上で，その具体的エピソードにもとづいて，無自覚的，あるいは自覚的に，どのような価値概念を取り入れてきて，自己をどのように評価し，他者をどのように評価してきたかを，解明する方法です。自己形成史分析に取り組んで，自己の自己形成過程を自らリアルに理解することは，現在の問題を解決することに役立つだけでなく，新しい未来を創り出すことにつながります。私のゼミナールでは，多くの学生が，この自己形成史分析という方法にもとづいて，自分の自己形成史を探究し，卒業論文として提出しました。青年期において，誰でもが就職と結婚という二大選択問題に迫られます。私のゼミで自己形成史分析に取り組んだ学生たちは，人生における，この二大問題をクリヤーして，自分の未来を切り開いてゆきました。

ただ，今すぐに問題解決することを迫られている人にとっては，自己形成史分析に時間をかけて，じっくり取り組むことには困難さが伴いました。そこで，自己形成史分析の一部分を切り取って独立させ，セルフ・カウンセリングという，より少ない時間で，より容易に取り組むことのできる問題解決方法を創り出しました。セルフ・カウンセリングは，家庭や職場において起きるコミュニケーション問題を解決することに直結していましたので，多くの人たちが，この方法に取り組んで自己をふり返るようになりました。

　ところが，日常生活の一コマだけを取り上げて，自己探究するセルフ・カウンセリングでは，自分の全自己形成史を見渡して，自分が人生において，最終的に願い求めていることを深く洞察し，自分が人間として生きる意味を自覚するには，十分ではありませんでした。そこで，自己形成史分析の前提となっている人間の本質を理解するための方法として，"自己評価分析" という新しい方法を創り出したのです。

２．なぜ，自己評価分析を創り出したのか

　自己評価分析が究極的に目指していることは，自己形成史分析やセルフ・カウンセリングが目指していることと何ら変わりません。しかし，自己評価分析を創り出すことになったのには，それなりの理由があります。自己評価分析は，セルフ・カウンセリングから，本格的な自己形成史分析にいたる橋渡しの役目を担っている，と言えるでしょう。具体的には，自己評価分析は，日常生活の一場面を取り上げ，場面記述に即して，自己評価像や価値概念を取り出して，"自己評価不安" に気づくことをめざしています。さらに，その自己評価不安の発見を契機として，自分が最終的に何を求めて生きているのかを，深く自覚することを狙いとしています。それは，無自覚的な自己評価不安から逃れるための，さまざまな自己評価の試みを解明することを目標にすることにもなります。その解明から，自己の自己形成史を貫いて支配している，自己評価の仕方を自己発見することで，自己変革へと導かれます。

さらに，自己が最も心の奥深くで願い求めている生き方を自己洞察する機会が与えられます。

第2節　自己評価分析とセルフ・カウンセリングの相違

1．セルフ・カウンセリングは，感情・欲求を洞察し，自己評価分析は，評価像・価値概念を分析する

　自己評価分析もセルフ・カウンセリングも，"自己形成史分析"を共通の母胎としています。もし，違いがあるとすれば，自己評価分析は，セルフ・カウンセリングを超えて，さらに深く，自己形成史分析の前提となっている人間の本質理解を可能にする，ということです。自己評価分析のプログラムは，ある段階までは，セルフ・カウンセリングのプログラムと同じです。すなわち，場面状況用紙，場面記述用紙，記述による発見までは，自己評価分析もセルフ・カウンセリングも全く変わりはありません。プログラムの上での違いとして，二つのことを挙げることができます。一つは，自己評価分析では，"洞察"が"分析"に変わることです。もう一つは，セルフ・カウンセリングにはない，"自己評価の試み"を読み取るという，新しいステップが加わるということです。

　セルフ・カウンセリングでは，記述文から感情や欲求を洞察します。それに対して，自己評価分析では，評価像や価値概念を分析します。これが，セルフ・カウンセリングと自己評価分析の一番大きな違いです。

　セルフ・カウンセリングの洞察は，順番に，関係，感情，欲求を取り出して，表現してゆきます。自己評価分析も，関係を取り出すところまでは，全く変わりません。ただ，その先から違ってきます。感情に代わって，"評価像"を取り出し，表現します。また，欲求に代わって，"価値概念"を取り

出し，表現します。

　評価像というのは，関心のある対象に対する，プラス，あるいは，マイナスのイメージです。価値概念というのは，評価像を生み出す，プラス，あるいは，マイナスのコンセプトです（第2章以下を参照して下さい）。

2．自己評価分析は，"自己評価の試み"を読み取ることが，課題となっている

　セルフ・カウンセリングのプログラムは，洞察をした後，関係別洞察をして，まとめに入ります。自己評価分析では，評価分析し，関係別評価分析をした後で，さらに価値概念を構造化し，"自己評価の試み"を読み取ってゆきます。セルフ・カウンセリングでも，"自己評価の試み"の読み取りは可能ですが，自己評価分析では，"自己評価の試み"を一定のフォーマットにもとづいて，詳しく明らかにしてゆきます。"自己評価の試み"は，第3章"社会的自己評価の三類型"として，詳しく見てゆきます。

3．なぜ，評価像や価値概念を分析するのか？

　私たちは，日常，自分がどのような価値概念にもとづいて，どのような評価像を抱いて行動しているのかを，必ずしも自覚はしていません。無自覚的な自己に対する評価や他者に対する評価にしばられて行動していることが多いと言えます。自分が，まわりの人に対して，どのようなプラス，あるいは，マイナスの評価像を抱いているのかを自覚するだけでも，その評価像のとらわれから解放されて，よりリアルに他者を理解する可能性が開かれます。それだけではありません。ある対象について，一面ではプラスの評価像を抱き，他面では，マイナスの評価像を抱いている，というような場合もしばしば起こります。そのような場合には，自分の内に潜んでいる，無意識的な価値概念の葛藤に気づくチャンスになります。その価値葛藤の存在に気づくことができると，価値葛藤不安に突き動かされることから解放される，ということ

も起こり得ます。

　そして，自己に対する評価像と他者に対する評価像とが深く関連していることに気づくこともできます。さらには，その自己評価像や，他者評価像を生み出している，共通の価値概念にも気づくことができます。すると，自分の自己評価像や他者評価像が相対化され，その"とらわれ"から解放されるチャンスにもなってゆきます。その"とらわれ"から解放されると，新しい自己認識や，新しい他者認識が生まれ，新しい自己と他者のかかわりが生まれ，そして，新しい人生が生まれます。

4．自己評価分析は，生活用語を拡張して，理論用語として使っている

　自己評価分析では，取り出す価値概念に対してプラスやマイナスの記号をつけます。価値概念という言葉は，通常，プラスの意味をこめて使われています。日常生活の言語の使用法からは少し外れますので，違和感をおぼえる方もいらっしゃることでしょう。

　厳密に言うと，日常生活では，評価という言葉も，プラスの意味をこめて使われています。ただ，私たちは「評価がプラスからマイナスに変わった」というような言い方もしていますし，「マイナスに評価した」という言い方もしています。それゆえ，プラス評価の他に，マイナス評価という言葉を導入しても，さほど違和感を覚えないのではないでしょうか。

　しかし，マイナスの価値概念という言い方は，日常生活では，あまりされていないので，抵抗感を覚える方もいらっしゃることでしょう。そのような受け取り方があることを承知の上で，あえて，価値概念にもプラスとマイナスという記号を導入しています。

　それは，自己評価分析が目ざす究極的な自己形成の理念や理論に関わっているからです。

　なぜ，日常生活の用語法をあえて，拡張解釈して，評価像や価値概念に，プラス記号とマイナス記号を導入したのでしょうか。これは，理論というも

のの性格と関連しています。理論には，できるだけ多くの現象を，できるだけ少ない用語で，説明することが求められています。個々の現象を包括して説明するためには，日常生活の用語の地盤を離れる必要が出てくるのです。これが自然科学理論の領域に入ると，日常言語の世界から完全に離れて，専門用語の世界になります。専門用語を作って，とりわけ，記号や数式を使って，自然現象を解明してゆきます。

　ただし，セルフ・カウンセリングでは，日常言語を，できるかぎり離れないことを原則としています。自己発見心理学としてのセルフ・カウンセリングや自己評価分析は，私たちが実感をもって自己理解できるための心理学を目指しています。日常生活で使われている言語に，できるかぎり，根拠をおこうとしています。ですから，自己評価分析の理論の場合も，可能なかぎり，日常生活の基盤を離れずに，日常言語を生かしてゆきたいと考えています。

5．自己評価分析は，最終的に何を目ざしているのか

　価値概念の意味を拡張して，プラスとマイナスをつけるのは，自己評価分析が究極的に目指す方向に関わってくるからです。私たちは，自己評価を上げよう，あるいは，自己評価を下げまい，と試みる時，プラスの状況を追求するだけではなく，マイナスの状況を回避しようと試みます。たとえば，"平等か，不平等か"という価値概念で考えてみましょう。もし，"平等であることは，よいことだ"という，プラスの価値概念をもっていた場合，私たちは，平等であることを，できるかぎり実現しようとします。

　もし，"不平等であることは，わるいことだ"という，マイナスの価値概念をもっていた場合，私たちは不平等になることを，できるかぎり，回避しようとします。プラスの価値概念を抱くか，マイナスの価値概念を抱くかによって，あえて言い表せば，自己評価欲求性の方向が違ってくるのです。自己評価欲求がプラスの方向を目ざすのか，マイナスの方向を目ざすのか異なってきます。

自己評価分析という方法は，さまざまな価値概念の"とらわれ"から自由になって，全ての現実をリアルに認識することを目的にしています。
　この方法は，プラスの価値概念のとらわれから自由になるだけでなく，マイナスの価値概念のとらわれからも自由になることを目ざしています。プラスとマイナスの価値概念の両方のとらわれから解放されることで，自己の現実を自己の現実として，他者の現実を他者の現実として，既成のプラス，あるいはマイナスの価値概念を超えて，受けとめることができる可能性につながります。そこから，既成の自己評価や他者評価を超えた，新しい自己と他者の現実認識に基づく，新しい関わりが起こり得ると考えているのです。

第3節　自己評価分析の究極的狙い

1．自己評価分析は，どのように人間を理解しているのか？

　自己評価分析の人間観では，『私たち人間は，さまざまな条件にもとづいて，積極的には，自己の価値をより高く肯定的に評価できるようになることを求め，消極的には，より低く否定的に評価せざるを得なくなることを避ける』という根源的な欲求性向があることを前提としています。
　この根源的な欲求性向を，自己評価欲求性向と名づけています。自己評価分析の理論では，私たちの自己形成の原動力を，この根源的な自己評価欲求性向にあると捉えています。言いかえると，この，より高い自己評価の可能性を追求する，という傾向性が，自己形成を促している，と考えています。
　さらに，この，根源的な自己評価欲求性向が，特定の経験にもとづく価値概念と結びつくと，特定の自己評価欲求になる，と考えています。
　根源的な自己評価欲求性向が，たとえば，プラスの価値概念に結びつくと，特定の条件にもとづいて，自己肯定を追求しようとする欲求が生まれます。

この根源的自己評価欲求性向が，マイナスの価値概念に結びつくと，特定の条件にもとづいて，自己否定を回避しようとする欲求が生まれてきます。

　私たちは，人生において，他者から否定的に評価される，あるいは，肯定的に評価される，という経験をします。否定的経験からは，マイナスの価値概念が形成され，肯定的経験からは，プラスの価値概念が形成されます。私たちのうちに潜在している自己評価欲求が，この，自己の経験にもとづく，マイナスやプラスの価値概念と結びつくと，特定の積極的，あるいは，消極的な自己評価欲求を生み出す，と言ってよいでしょう。

　言いかえると，特定の経験にもとづいた，価値概念を目的として立て，その目的を達成することで，自己の存在価値を評価しようとしたり，その価値概念を規範として課して，その規範を遵守することで，自己の存在価値を評価しようとしたりします。

　まとめて言うならば，私たちのうちに潜在している，不特定な根源的自己評価欲求性向が，自己の直接的，あるいは間接的な経験を媒介にして，特定の価値概念（条件）と結びつくと，実に多種多様な個別的な自己評価欲求が生まれてくるのです。

２．自己評価分析は，特定の価値概念の絶対化から解放する

　根源的で，一般的な自己評価欲求性向と，特定の経験とが結びついて，個別的自己評価欲求が形成されることについては，前節で述べました。私たちが，その形成された自己評価欲求を充足しようとして行動を起こすと，その自己評価欲求はさらに強化されてゆきます。さらには，その特定の自己評価欲求が絶対化される，ということも起こってきます。そうならないためには，自分の自己評価欲求が，どういう特定の経験によって形成されたのか，さらには，その特定の経験から，どのような仕方で，特定の価値概念をもつようになったのか，自覚する必要があります。そうすることで，自分が抱くようになった特定の自己評価欲求を相対化して見ることができます。裏返して言

えば，その自分の自己評価欲求を，無自覚的に絶対化することから解放されます。

たとえば，ここに"有名大学に入りたい"という，自分の自己評価欲求が絶対化されて，「何が何でも，有名大学に入りたい」と思いこんでいる青年がいたとします。もし，その青年が"有名大学に入ること"という価値概念を，たまたま，同じような価値概念をもっている青年たちのグループと出会う，という経験をして，それを取り入れたに過ぎなかった，と気づくことができたら，どうでしょうか。"有名大学に入ること"という特定の価値概念を絶対化する必要はなくなり，「何が何でも，有名大学に入りたい」という強い衝動に駆り立てられることもなくなるのではないでしょうか。

3．自己評価分析は，あらゆる欲求の裏には，自己評価不安がある，と見ている

私たちは，あらゆる欲求の背中に自己評価欲求がついてまわっている，と考えています。

私たちは，さまざまな欲求を大きく三つに分けることができます。すなわち，自然的欲求と，社会的欲求と，文化的欲求です。

自然的欲求とは，自然的機能を用いて，自然的生命を保ちたい，という欲求です。

この自然的欲求が満たされると，私たちは，快感を感じ，満たされないと，不快感を感じます。

私たちは，快感を感じると，自分の人生を肯定できます。その反対に，不快（苦痛）を感じると，自分の人生を否定せざるを得なくなります。そこから，自然的条件にもとづく，自己評価不安が生まれます。

社会的欲求とは，社会的役割を果たして，社会的評価を得たい，という欲求です。

この社会的欲求が満たされると，私たちは満足感を感じ，満たされないと，

不満感を感じます。

　私たちは，満足感を感じると，自分の人生を肯定できます。その反対に，不満感を感じると，自分の人生を否定せざるを得なくなります。

　そこから，社会的条件にもとづく自己評価不安が生まれます。

　文化的欲求とは，文化的な価値を表現して，文化的業績を挙げたい，という欲求です。

　この文化的欲求が満たされると，私たちは充実感を感じることができます。満たされないと，空虚感を感じます。

　私たちは，充実感を感じると，自分の人生を肯定できます。その反対に，空虚感を感じると，自分の人生を否定せざるを得なくなります。

　そこから，文化的条件にもとづく自己評価不安が生まれます。

　このように，自然的，社会的，文化的条件にもとづく自己評価不安が起こると，私たちの中から，自然的，社会的，文化的条件を変えることで，自己評価不安をなくしたい，という自己評価欲求が生まれます。

　それゆえ，あらゆる欲求充足の裏には，自己評価不安が潜んでいる，と考えることができるでしょう。

4．自己評価分析に取り組むことで，私たちは，"自己と他者の存在受容"を願い求めるようになる

　自己評価分析では，特定の自己評価欲求の奥に，特定化され得ない，自己の人生の価値を確認しようとする根源的な欲求性向が潜んでいる，と考えています。このような"不定なる不足感（不安定さ）"を，根源的な自己評価不安と呼ぶこともできるでしょう。

　この根源的な自己評価不安が，肯定的自己経験であれ，否定的自己経験であれ，特定の自己経験と結びつくと，特定の自己評価欲求となることについては，すでに述べました。

　もし，私たちが，根源的な不安に動かされて，特定の条件（それが自然的

条件であれ，社会的条件であれ，文化的条件であれ）にもとづいて，自己の存在価値を確認しようとすると，さまざまな問題性が起こってきます。

まず，第一には，特定の条件（特定の価値概念）に合う自己しか，受けいれることができなくなることです。

第二には，その同じ特定の条件に合う他者しか，受けとめることができなくなることです。

第三には，自己は，他者と，特定の条件に合うかぎりでしか，関わることができなくなる，ということです。

第四には，自己と他者が，お互いの存在を認め合って，共に生きる知恵を出すことができなくなる，ということです。

お互いが，特定の条件にもとづく自己評価を相手に承認させようと争い合う，ということになります。

お互いが自分の自己評価を保証する者として，相手を利用しようとする関係に陥ります。

自分の自己評価の試みを支える相手を肯定できても，それを妨げる相手なら，否定せざるを得ないことになります。そこからは，お互いの間に，真実の交流は起こらなくなります。

このような自己と他者の現実に気づいた時，私たちのうちに，あらゆる条件を超えた，"自他の存在受容"を願う思いが生じてきます。

5．自己評価分析に取り組むことで，私たちは，"自己と他者の存在受容"を経験する可能性が与えられる

私は，この願いを，特定の価値概念にもとづく自己評価の試みを超える，という意味で，"条件超越的全現実存在受容"への願い求めと呼んでいます。また，あらゆる条件を超える，という意味では，"無条件的全現実存在受容"への願い求め，と言いかえることもできるでしょう。

この"無条件的な全現実存在受容"は，私たちが究極的に願い求めている

ことである，という意味で，この願いを"究極的願い求め"と言いかえることもできるでしょう。

　自己評価分析の方法は，私たちが無意識的に身に付けている自己評価の試み（からくり）を全面的に解明し，自覚することによって，あらゆる価値概念を超えた，"全現実存在受容"の世界を体験できる方法です。既成の価値概念にもとづく自己評価の試みを超えて，絶えず，新たに，無条件的に自己と他者の現実存在（実存）を受容してゆくことができるようになるための方法なのです。

第2章　自己形成史分析の理論

第1節　自己形成史分析とは？

1．自己形成史分析は自己発見学である

　自己評価分析とセルフ・カウンセリングは，自己形成史分析を母胎としています。自己評価分析とセルフ・カウンセリングの理論は，根本的には，自己形成史分析の理論と同じです。

　自己形成史分析は，一言で言うと，自己発見学と言えます。理論にもとづいてつくられた方法で探究することで，既成の価値概念（モノサシ）を超えて，たえず新しい自分を発見してゆく学問です。自己発見学という学問は，まったく新しいジャンルの学問である，と言ってよいでしょう。

　自己発見学は，広い意味では人間学です。しかし，人間一般を論ずるわけではありません。私たち，一人ひとりが自分自身を探究する学問なのです。

　私は，"人間とは何か"という問いを抱えてドイツに行き，哲学的人間学を学びました。なぜ，哲学的人間学を組み立てようと思ったかというと，自然科学も，社会科学も，文化科学も，人間が作り出したものである以上，人間を理解することなくして，自然科学も，社会科学も，文化科学も，理解することはできない，と考えたからです。言いかえると，すべての学問は，人間学に還元されると考えたのです。

しかし，ある日，私は，ふと，"人間一般"というものは存在しないのではないか，と気づいたのです。現実に存在すると言えるのは，人間一般ではなく，人間である，この"私自身"ではないのか。そう思ったのです。もっとも確かなことは，この私が，今，ここに，かけがえのないものとして存在するということではないのか，そう考えたのです。

この究極的現実を探究の出発点にしよう。そう私は，決心しました。長い模索の末に，私は，人間を探究するということは，つきつめれば，自己を探究することである，という結論に達したのです。

それでは，自己をどのように探究すべきなのか，という問いが，続いて，私の中から生まれてきました。その答えは，私の中から，すぐに出てきました。今，ここにおける自分を探究するためには，自分自身の過去をふり返るほかない，と——。

なぜなら，今，ここでの私は，すべて，私の過去の経験から生まれてきているからです。このようなドイツでの大学の留学生活のただ中から，私の自己発見学の構想が生まれてきました。

この自己発見学は，日常生活で私たちが使っている日本語を組み立てて，作り出されました。専門用語で作られた学問の根底となっている，日常生活の生活用語から出発しようと思ったのです。

2．自己形成史分析の理論は，自己発見を援助する

自己形成史分析は，自己形成史のパースペクティブに気づくことを目ざしています。私たちは，過去を土台にして，未来を思い描き，現在に対応しています。私たちの現在のうちに，過去と未来が含まれているのです。私たちの過去と現在と未来は，切り離すことはできません。

自己形成史分析の"史"というのは，単なる時の流れとしてではなく，自分の中に積み重ねられてゆく"時"の累積を意味しています。"今，ここでの私は，私の自己形成史からきている"という視点から，自分自身の過去を

探究してゆくのが，自己形成史分析なのです。

　自己形成史分析の理論は，"人間とは，自己形成過程である"という人間観に立脚しています。理論と方法と実践というのは，三位一体をなしています。理論というものは，方法や実践と深くつながっていて，決して切り離すことができないのです。

　自己形成史分析は，つきつめて言えば，実践的反省学，あるいは，反省的実践学です。ですから，理論を理解するということは，自己発見してゆくうえでも，大きな手がかりになります。

　自己形成のプロセスが理論化されると，自分の自己形成体験のさまざまな局面や側面が明らかになります。私たちは，ある一つの出来事に関心を奪われると，他の出来事が関心の外に置かれるようになります。また，一つの出来事の中でも，ある一つの面に目を奪われると，別の面が見えなくなります。現実を，理論という文脈の中において見ると，今までとは違う側面が見えてくるのです。

　そういう意味で，理論という枠組みは，発見の機能をもっているのです。理論は，カメラのフレームと似ています。ある対象をフレーム・ワークに収めると，その対象の，ある面がクローズ・アップされます。自己形成史分析の理論は，あくまでも，自己発見の手助けのための理論ということができるでしょう。

　しかし，いったん，理論化されると，逆に，その理論にとらわれてしまう可能性が生じます。理論という観念体系にとらわれて，自分をその理論に照らして否定するということが起こります。その反対に，理論に自分を当てはめて，自己を肯定して落ち着こうとするということも起こります。

　相手を理解する場合にも，理論を当てはめて相手を断定することにもなりかねません。他者を理解することで，他者援助する場合においては，諸刃の剣になりうるといえるでしょう。相手にとって，理論の光に照らされること

で，新しい自己発見が生まれ，大きな飛躍につながります。しかし，その反面，相手が理論にもとづいて，切り捨てられたと感じてしまうという可能性も起こり得ます。

　ですから，何が何でも理論にはめ込んで分析し，解明しようとする必要はありません。理論は，目的地までゆくための地図のような役割を果たすもので，自己の現実の中に，いろいろな側面がある，ということを自己発見することこそが，何よりも重要なのです。理論の力を借りて，現実を見てゆくと，いままで気づいていなかった側面に，次々と気づくことができます。いままで隠されていた側面を，しっかりと意識の正面に据えて吟味することが可能になるのです。理論は，そういう自己発見を援助するために，つくり出されたのです。理論にとらわれず，理論を手がかりにして，自己発見してゆくことを，私としては，心より願っています。

第**2**節　私たちの自己形成

1．状況の変化は危機を引き起こす

　人間は，自己意識をもっている存在です。言いかえると，私たちは，いつも，自己という存在を意識して生活しています。さらに一歩踏み込んで言うならば，自己の存在価値を無意識的に確認しながら生活しているのです。ですから，自分という存在が危機に陥ると，それは，同時に自分の存在価値が危機に陥ることを意味しています。私たちの存在と，私たちの存在価値意識とは，表裏一体で，切り離すことができないからです。

　私たちは，人生において，必ず，何らかの生存状況の変化に直面します。その変化を前にした時，私たちは，それまでの自分のやり方では状況変化に対応できない，という問題にぶつかります。そこから，私たちの内に＜自分

は，どのように生きていったらよいのか＞という問いが生じてきます。ある意味で，状況の変化は，"転換の危機"を惹き起こす，と言ってよいでしょう。

2．人生は，誕生から死にいたるまで，危機の連続である

　私たちの人生における，変化転換という名の生存の危機を見てみましょう。

　私たちは，基本的に，家族の中に生まれます。もし，長男，長女として生まれたとしたら，やがて，次男，または次女が生まれるかもしれません。それは，家族の状況の変化です。そのような状況の変化によって，私たちは，それまで通りの自分の生き方が通用しなくなる，という問題にぶつかる可能性があります。

　たとえば，ある核家族で長女が生まれたとします。母親の関心は，長女だけに注がれるでしょう。しかし，その後，長男が生まれると，母親の関心の多くは，長女から長男に移ります。長女の立場からすると，弟の出現によって，自分は家族の関心の中心ではなくなってしまうわけです。その家庭状況の変化は，長女にとって，自分の存在価値の危機につながります。

　長女は，新しく起こってきた状況に，無自覚的にであっても，適応せざるを得なくなります。そして，長女は，その男の子の赤ちゃんを一生懸命可愛がるようになるかもしれません。その場合の長女の意識は，単に自然な"情"で弟を可愛がっている，というだけではないかもしれません。その奥には，親の期待に適った形で，赤ちゃんを可愛がることによって，お姉ちゃんとして，親から認められたい，という思いが潜んでいるかもしれません。

　その反対に，長女が，赤ちゃんをつねったり，たたいたりするようになる，という場合もあります。その行為の裏には，お母さんに注目してもらいたい，という思いが潜んでいるのかもしれません。赤ちゃんが生まれるまでは，親の言うことを聞く子だったのに，赤ちゃんが生まれてから，突然，親の言うことを聞かなくなる，ということも，よくあることです。子どもの気持ちに

気づけない親は,「いったい,どうしちゃったの,この子は！ お姉ちゃんなのに,弟も可愛がらないで！」と叱ります。そうすると,子どもは,親から嫌われていると思いこみ,ますます不安に陥り,さらにひねくれて,親の嫌がるようなことをするようになります。

　子どもにとって,幼稚園に入るということも,大きな変化です。それまでの,自分の家族の中だけの生活とは,違う生活に入らなければならないからです。幼稚園に通うということは,その子にとって,一時的であっても,親と離れることを意味しています。それは,その子にとって,大きな不安を惹き起こします。そこから,朝になって幼稚園に行かなければならなくなると,「お腹が痛い」と言って,幼稚園に行くことを嫌がります。
　幼稚園を卒園すると,小学校に入ります。小学校から,中学校,高校,大学,そして会社にと,私たちの人生は,ある集団から別の集団へと,入っては出る,という変化をくり返していきます。これらの所属集団の変化は,古い集団を出ることも危機になりますが,新しい集団に入ることも危機になります。たとえば,学校で,学級が変わったり,担任の先生が代わったりする,という変化が,子どもにとっては大きな危機になりうるのです。そういう意味で,私たちの人生は,危機の連続だと言っても,必ずしも言いすぎにはならないでしょう。

　社会に出てからも,変化は絶えず起こってきます。人事異動で,子会社に出向を命じられ,自分の慣れていた職場から,別の職場へ異動になる,ということも起こります。職場が変わるということは,人間関係が変わる,ということを意味します。新しい上司や同僚や部下がどういう人か,ということが,その人にとっては,大きな危機になる可能性があります。昇進する場合でも,上の役職に上がることを喜ぶ人もいますが,自分は管理職には向かないと考えていて,昇進することが危機になる人もあり得ます。

管理職になって部下を持った場合でも，自分の部下が上司である自分の言うことをよく聞くか，聞かないか，仕事がよくできるか，できないか，ということが，上司である自分にとって，危機となり得ます。

　その他にも，人生の変化はさまざまな形で訪れます。私たちを取り囲む状況自体が，いまだかつてない速いスピードで変化しています。リストラや倒産による失業，定年退職，また，転勤，転校，転居や，結婚，離婚，別居や，出産，育児，子どもの病気や怪我，近親者との死別……数えあげていけば，きりがありません。私たちは，歳を重ね，老い，病み，最後に死を迎えます。自分の死こそが，人生最大の転換だと言えるかもしれません。

　私たちの人生は，予想外の変化の連続です。そして，変化の数だけ，危機が生じるのです。けれども，人生の変化が，必ず，危機につながるわけではありません。私たちが，それまでの生活にはない，新しいものに触れたい，と望んでいるときには，変化は，むしろ期待として感じられるのです。それでも，人生における一つの変化が，その人にとって，大きな曲がり角であることは，確かな事実です。

3．人生の危機こそ，新しい自己形成を可能にする

　状況が変化することは，そのことを否定的に評価すれば，私たちにとって危機になります。しかし，その状況の変化を肯定的に評価するのでもなく，否定的に評価するのでもないならば，それは，単なる転機を意味しているにすぎません。状況変化を肯定的に評価するならば，それは，好機（チャンス）を意味します。変化は，危機にもなれば，転機にもなり，また，新しく飛躍する機会にもなりうるのです。いずれにせよ，人生における状況の転換こそが，私たちが新しい自己形成をするためのチャンスでもあるのです。

私たちが，人生の転換の危機に際して，適切に対応する，というのは，決して容易な課題ではありません。状況の変化に直面して，それまで通りのやり方が通用しない，とわかったとき，私たちは，＜この先，どうしたらよいのだろう＞という不安に陥ります。私たちは，その状況をきたらしめたと思う相手を責めたり，自分を責めたりして，不安から逃れようとします。また，問題を放り出したり，問題の解決を先延ばしにしたりして，不安を解消しようとします。

　単に状況の変化を回避しているだけでは，葛藤が長引きます。自己の危機を回避するために，現実から逃避しようとすると，未来は開かれてきません。それでは，人生における転換の危機を，自分の未来に生かすためには，どうすればよいのでしょうか。
　そのためには，第一に，その変化が，自分にとって，どういう意味をもつのか，ということを自覚する必要があります。そのための方法が，自己形成史分析です。自己形成史分析の方法で自己探究し，自分の歴史をふり返ってみることが大切なのです。
　自己形成史分析は，過去の場面における自己を探究します。けれども，自己形成史分析は，過去のことを思い出すための方法ではありません。自己形成史分析は，他者と自分との関係が未来に開かれることを目ざしているのです。
　過去の出来事を過去の出来事として，しっかりと受けとめることによって，"今"を"今"として，受けとめることができるようになります。過去をしっかりと受けとめることができると，過去の自分のやり方に影響されずに，現在の他者と自分との関係を認識することができるようになります。その現在の，他者と自分との関係をしっかり認識することから，未来における，他者との新しい関わりを生み出してゆくことが可能になるのです。

第3節　自己の歴史意識の探究

1．私たちは，過去を背負って未来を予想して，現在を生きている

　自己形成史分析が問題としているのは，いわゆる"自分史（客観的な自分の歴史）"ではなく，"自分の歴史意識"です。自分の歴史意識とは，自分で自分の過去をどう意識し，自分の現在をどう意識しているか，ということです。客観的事実ではなく，どこまでも，自分の内面的意識が問題なのです。

　私たちは，常に現在に生きています。過去も未来もイメージでしかありません。けれども，私たちは，無自覚的，自覚的に，過去の経験にもとづいて，未来を予想して，現在に生きているのです。ですから，私たちにとって，現在だけに生きる，ということはありません。必ず，その人の過去と現在と未来が関連しあって，その人の自己形成の中で，現在に生きているのです。

2．自己形成には，受動的自己形成と能動的自己形成がある

　自己形成史とは，自分の"過去の経験の総体"を意味しています。自己形成史の"形成"という言葉には，受動的側面と，能動的側面があります。

　受動的側面とは，周りからの働きかけによって，"自己形成せしめられる"ということです。受動的側面というのは，言いかえると，無自覚的側面です。受動的な自己形成をしている時には，無自覚的な自己形成をしているのです。無自覚的である，ということは，選択の余地がない，ということです。

　子どもは，通常，大人との関わりの中で，受動的に，したがって，無自覚的に自己形成せしめられてきます。子どもの年齢が低ければ，低いほど，大人の力が大きく働きます。大人の強い力が，弱い子どもの自己形成に働きかけます。そして，特別のことが起こり，立ちどまってふり返らないかぎり，子どもは，自分が関わりをもった大人の影響力を自覚することができません。

したがって，その大人の影響から自由になることができません。

　自己形成には，"自己形成せしめられる"という受動的側面だけではなく，"自己形成する"という能動的側面があります。
　子どもから，大人になってくると，自分で自分を自己形成するという可能性が開かれてきます。つまり，自己の行動に対して自覚的になり，自己選択的になり，自己決定的になり，自己責任的になります。これが主体性と呼ばれているものです。主体的な自己形成と口で言うのはやさしいのですが，現実に主体的に生きるということは，私たちにとって，困難な課題です。主体的に生きることができるためには，まず，自分の進む道の行く先が，はっきりと見定められていなければなりません。"自分はこう生きる"と，はっきりと将来の方向が定められていれば，問題ないと言ってよいでしょう。けれども，人間の内には，外からの刺激に応じて，さまざまな衝動が，次から次へと起こってきて，私たちを突き動かします。それゆえ，ともすれば，私たちは，その時々の衝動に駆り立てられて行動することになります。そして，行動が終わった後，私たちは，しばしば後悔します。＜本当は，何々したくはなかったんだ＞とか＜本当は，何々したかったんだ＞とかいうようにです。

3．無自覚的行動には，衝動的行動と習慣的行動とがある

　ある行動が，選択の余地のなかった，すなわち，無自覚的にとらざるを得なかった行動なのか，それとも，他の行動の可能性もあったけれども，敢えて，この行動の可能性を選択したという，自覚的にとった行動なのかが，自己形成においては，とても大きな意味をもってきます。
　私たちは，無自覚的な行動パターンを，大きく二つに分けることができます。すなわち，一つは"衝動的行動"であり，もう一つは"習慣的行動"です。

• 衝動的行動

　衝動的行動とは，その時その時の，外部の状況からくる刺激や，内部の状況からくる衝動に反応する行動です。この衝動的行動は，外的刺激によって惹き起こされる行動であり，内的衝動に突き動かされる行動です。通常，外的刺激と内的衝動は表裏一体です。たとえば，性的刺激が性的衝動を引き出すようにです。日本人は，そういう衝動に駆られる行動を『前後の見境のない』振る舞いと呼んできました。

　一例をあげましょう。日本語には"呑む，打つ，買う"という言葉があります。"呑む"は，酒を飲むことを意味し，"打つ"は，ばくちを打つことを，"買う"は，売春婦を買うことを意味しています。この"呑む，打つ，買う"という行動は，どの行動も内からの衝動に動かされている場合が多いと言えるでしょう。どの行動も，一時の強烈な快楽刺激を得ようとする行動です。このような行動の背後には，自己評価不安が潜んでいることが多いと言ってよいでしょう。このような衝動的な行動に走る時には，理性が働かなくなります。我を忘れて，その快楽に溺れてしまうのです。

　そして，このような行動は，自己形成に破壊的なダメージを与えます。たとえば，ある人が，不安になると，お酒を飲んで，その不安を紛らそうとしたとします。そのことをくり返してゆくと，やがては，それがクセになってゆきます。何かあると飲まずにはいられなくなってゆくのです。お酒の量も，どんどん増えてゆきます。しまいには，お酒を浴びるほど飲んで，何とかその不安を紛らわせようとします。

　また，人によっては，お酒を飲むと，誰彼なしに絡まずにいられないという状態になります。こうなると，あちこちの人に，迷惑をかけてゆきます。本人は，うすうす，自分が周りの人に迷惑をかけていることに気づいています。気づいていても，＜どうせ，俺はこうなんだ＞　＜こうなったら，どうにでもなれ！＞という思いから，また，意識がなくなるくらいお酒を飲み，人に絡んでゆきます。この行動は，本人が＜これでは自分がだめになる＞と

本当に自覚しないかぎり，くり返し続いてゆきます。

　また，衝動的行動には，内側から突き上げてくる衝動に駆り立てられて，突発的に出てくる行動があります。その行動は，周りの状況に対応して，とられた行動ではありません。もっぱら，本人の内側の欲動からきているので，ほかの人の目には，その行動の意味がわかりません。不意に怒りだす，とか，不意に逃げ出す，とかいうように，衝動的行動は，突発性という特質をもっています。我知らずに，思わずやってしまう，無自覚的な行動なのです。

　親が衝動的行動をくり返していると，子どもの自己形成に，大きなダメージを与えると言ってよいでしょう。親が子どもに対して，前後の脈絡がなく，突発的に行動するとしたら，子どもは親の行動を予想することができません。親がどうしてそういう行動をするのか，子どもには，まったく理解できません。ですから，子どもは，どう対応していいか，わからなくなってしまいます。この状態は，子どもの内面に強い不安感を引き起こします。

- 習慣的行動

　もう一つの無自覚的な行動として，習慣的行動をあげることができるでしょう。私たちは，最初に，問題状況にぶつかった時には，さまざまな解決方法を考え出し，その一つの解決策を選びとって行動します。最初の問題解決行動は，自覚的であると言うことができるでしょう。けれども，その行動の仕方を何度でもくり返していくと，その行動の仕方が無自覚的な習慣になります。最初は，自覚的で，選択的な行動であっても，それが反復されてゆくと，無自覚的な行動になってゆきます。

　私たちの世界に対する受けとめ方も，私たちの世界に対する働きかけ方も，そのほとんどは，無自覚的なものとして形成されてゆきます。言いかえると，私たちの状況に対する解釈も，その解釈にもとづく行動も，反復されてゆく

につれて，無自覚的な習慣となってゆくと言ってよいでしょう。

　過去において，問題解決に成功したやり方は，自然に，踏襲されてゆきます。毎回毎回考えて行動していたら，時間も労力も足りなくなります。ですから，私たちの行動は，無自覚的に反復するパターンがほとんどを占めると言ってもよいでしょう。無自覚的な行動で対処できなくなった時，はじめて，ちょっと立ちどまって，自分のやり方（行動様式）をふり返ることを迫られるのです。

4．自己形成史において，私たちは，さまざまな価値概念を無自覚的にとり入れている

　私たち人間は，かなりの部分，感情的に振る舞っています。必ずしも，理性的に振る舞ってはいないのです。人間の行動には，合理的でない部分があるのです。人間の行動の非合理性をしっかりと，捉えた人間観でないと，本当に深く人間を理解し，共感することができません。私たちが，自分の価値概念で自己や他者の行動を割り切って，捉えようとすると，価値概念では捉えきれない部分が必ず現れてきます。自分の価値概念からはみ出た部分に，他者を理解する上で，大切なものが隠されています。なぜならば，他者には，他者の自己形成の中で無自覚的に取り込んできた価値概念があるからです。そして，その価値概念にもとづいて，行動するからです。

　そうせざるを得なかった，自分自身の"何か"や，他の人の"何か"をしっかりと受けとめてゆく必要があります。その何かは，過去の経験から生まれてきた価値概念にもとづく，自己評価不安である場合が多い，と言ってよいでしょう。

　そのために，自己形成史分析では，価値概念（モノサシ）を取り出すことを，非常に大事にしています。自己形成史という大きな視野の中，過去から現在までをふり返ってみると，自己評価像や他者評価像は，いろいろ変化し

てきていることが分かります。しかし，そういう自己や他者に対するイメージの奥に，それらの意識を生み出すもととなっている，価値概念が存在していると言ってよいでしょう。私たちが無自覚にため込んできている価値概念をできるだけ多く取り出し，自覚的に捉え直すことが大切です。

5．自己形成史分析は，無意識的に支配してきている価値概念の束縛から解放する

　価値概念自体には，抽象度の段階において違いがあります。より高い抽象度の価値概念もあれば，より抽象度の低い価値概念もあります。より高い価値概念は，より低い価値概念を包含します。その反対に，より低い価値概念は，より高い価値概念に包含されます。複数の価値概念をもっていたとしたら，どちらが上位の価値概念で，どちらが下位の価値概念か，ということを判断する必要があります。ある価値概念と，ほかの価値概念との間に，明確に目的と手段というような構造化ができる場合もあれば，できない場合もあります。構造化ができない場合には，ある価値概念とほかの価値概念との間に価値葛藤が存在している，と言ってよいでしょう。その価値葛藤を克服してゆくためには，相反する価値概念を整理して，重みづけをしてゆく必要が生じてきます。

　いずれにせよ，過去の直接的，あるいは，間接的経験から生じてくる，大小無数の価値概念同士は，複雑な関係をもっているだけではなく，それらの価値概念は，時とともに，変化してゆきます。

　このような，自分の価値概念の形成過程を自覚的に捉え直してゆくと，現在の自己を理解する機会が与えられます。

　通常，私たちの価値概念は，自覚されていません。幼児の頃から，周りの人たちを通して，無自覚的に取りこんできた価値概念が，私たちの関心や感情や欲求や行動を支配しているからです。つまり，価値概念が私たちの生き

方を規定しているのです。いくら，無自覚的な価値概念を変えようと思っても，私たちは変えることはできません。なぜなら，私たちは，価値概念そのものの存在に気づいていないからです。気づかないかぎり，変えることができないと言ってよいでしょう。それゆえ，気づかないまま，その生き方の路線の上を歩むことになります。

　しかし，既成の価値概念をはっきり取り出し，表現を与え，自覚することができれば，自分の価値概念を発見した，ということになります。そうすると，古い価値概念の無自覚的な束縛から解放されて，新たな価値概念を確立する可能性が開かれます。

6．自己形成史分析は，現在を絶対化しないで，未来を開く可能性を与える

　自己形成史的な文脈の中で，現在の状況を見るということは，自分を理解する上でも他者を理解する上でもとても大事なことです。私たちは＜（自分や相手の）現在がこうなんだから，過去もそうだったに違いない。未来だってきっとそうに違いない＞と"思い込み"がちです。そういう"思い込み"から解放されるからです。

　私たちは，ともすると，現在を絶対化しがちです。それと同じように，私たちは，ともすると，自分を絶対化しがちです。＜自分がこう思っているのだから，相手もこう思っているに違いない＞というようにです。

　私たちが，思い込みによる絶対化から解放されると，自分に対しては，＜今は，こういう時だ。やがてはこういう時がくる＞と，現在にしばられないで，開かれた未来を想像することができます。つまり，現在というものを絶対化しないで，相対化することができるのです。自分の現在を絶対化しないで，相対化して見ることができると，相手を見るときにも，相手の現在を絶対化しないで，相対化して見ることができます。＜現在はこうであっても，未来は違うかもしれない＞と思うことができるということは，自分や他者の未来を開くことにつながります。

第4節　究極的願いの発見

1．多種多様な欲求の奥底に，ただ一つの根源的欲求が潜んでいる

　私たち人間は，生きている以上，つねに何かを求めて生きています。私たちが求めている何かは，実に多種多様です。どうして，私たちが求めるものは，さまざまなのでしょうか。それは，私たちの経験することが，実に，多種多様である，ということからきています。言いかえると，私たちが何を欲するかは，私たち一人ひとりの，過去の経験の積み重ねによる自己形成によって違ってくるということです。

　ある人はお金がほしい，と思います。ある人は名誉がほしい，と思います。ある人は体力がほしい，と思います。ある人は精神力がほしい，と思います。数えあげていけば，果てしがありません。

　けれども，自己形成史分析の理論では，とことんまで突きつめてゆくと，人間の抱くあらゆる欲求の背後には，ただ一つの根源的な欲求が潜んでいる，と捉えています。その根源的欲求を，自己形成史分析では，"自己評価欲求"と名づけています。このことは，自己形成史分析の唯一の前提になっています。

　それでは，自己評価欲求とは，いったい，どのような欲求なのでしょうか。もう一度，しっかりと検討しておきましょう。

2．自己評価欲求には，積極形態と消極形態がある

　自己評価欲求には，積極的な自己評価欲求と，消極的な自己評価欲求という，二つの形態があります。

　積極形の自己評価欲求は，"自己の存在価値をより高く肯定的に評価できるようになりたい"という欲求です。消極形の自己評価欲求は，"自己の存

在価値をより低く否定的に評価せざるを得なくなりたくない"という欲求です。

まとめて言うならば，積極的には，より高い自己肯定の可能性を追求しようとする欲求性向であり，消極的には，より低い自己否定の必然性を回避しようとする欲求性向です。

自己評価欲求の積極形と消極形は，表裏一体をなしています。

自己肯定の可能性を追求するということは，日常生活の用語で言うと，"何々になりたい"という，現状への不満にもとづく欲求からきています。自己否定の可能性を回避するというのは，"何々にはなりたくない"という，未来への不安にもとづく欲求からきています。しかし，この二つの自己評価欲求は，分けることはできても，切り離すことはできません。"あるものになりたい"ということは，暗に，"別のものにはなりたくない"ということを意味しているからです。その反対に，"あるものになりたくない"ということは，暗に"別のものになりたい"ということを意味しているからです。

3．感情を理性でコントロールできないと，反社会的行動や非社会的行動をとることになる

通常，私たちは，感情を理性でコントロールして行動しています。もし，私たちが欲求をコントロールできないままに行動していると，どうなるでしょうか。

私たちが，たえず強い怒りの感情に支配されていると，恐れの感情を失って，怖いもの知らずの状態になり，反社会的行為に走ります。例えば，＜オレが不幸になったのは，すべて親のせいだ＞という怒りを抱えた男の子がいたとしましょう。コントロールがきかなくなると，彼は＜何がなんでも親が悪い＞と思い，前後の見境なく，親に向かって暴言を吐くとか，暴力を振るうなどの行動を起こします。その行動をすると，どういう結果が生じるかを考えることができなくなります。その時の自分の欲動に駆られてしまうこと

を，自分で制止することができなくなるのです。このようにして，しばしば，犯罪が起こります。

　反対に，私たちが，たえず強い恐れの感情に支配されていると，非社会的行為に陥ります。たとえば，学校でいじめにあい，学校に行くのが恐くなった子は，ひたすら家に閉じこもって，誰とも会わなくなります。そうなると，その子は，社会との関係を失ってしまいます。その子の主な関心は，再び自己評価の危機に陥ることを避けることだけに集中します。極端な場合には，病院の一室に入って，一歩も外に出ないで暮らす，ということになります。その人にとっては，自分の自己評価を守るためには，それしか方法がないわけです。

　このように，反社会的な自己形成をしてきた人は，ともすると，他者の期待を無視して，他者に対して攻撃的な行動に走ります。非社会的な人は，他者と関わることを恐れて，他者との交流を断ち切って孤立します。いずれにしても，他者との交流は断たれる，と言ってよいでしょう。

4．究極的目的を設定し，適切な手段を選択するためには，深い人間理解が必要である

　私たちが，その時その時の自分の欲動に振り回されないためには，目ざす方向（目的）の設定が必要である，と私は考えています。目的が，私たちの生活をコントロールします。ある行動は，ある目的を達成するための手段として，実施されます。たとえば，よい就職をするために，専門学校に入り資格を取得する，というようにです。どの行動にも，最終的な目的があります。何らかの行動を起こす時，私たちは，つねに，その最終目的に目を向けておく必要があります。もし，私たちが，最終的に何を求めているのか，ということを自覚することなしに生きていたとします。その場合，私たちは，その

時々の周りの状況の変化や自分の内に生ずる衝動に振り回されてしまいがちです。ついには，自分が，そもそも何を求めているかがわからなくなってしまいます。また，目的を明確化しておかないと，本来は手段に過ぎなかったものが，いつの間にか，目的に成り代わってしまいます。

　長期的なライフプランを立てて生きる，というような生き方は，私たち日本人が苦手とする生き方です。たとえば，ある人が，社会人として働きながら，何かの資格を取るという目的を持っていたとします。その人は会社の同僚から誘いがあっても，「私はこれから，勉強しなければならないから，つきあえません」と断っていると，周りから「つきあいの悪いやつだな」と言われることになります。それで，その人は，三度に一度は誘いにのることにします。そのうちに，三度に一度ではなく，三度が二度になり，とうとう資格を取ることをあきらめなくてはならなくなります。つまり，周囲の状況に振り回されて，目的を断念してしまうという結果になりかねません。その反対に，周囲の状況を全く無視して，資格を取ることだけが目的となってしまう，ということもありえます。そして，そもそも，何のために資格を取るのかが分からなくなってしまう，ということも起こります。

　また，どんなに良い目的であっても，適切な手段がなければ，その目的を実現することはできません。目的に対して，適切な手段を選ぶには，人間についての深い現実認識がなければなりません。私は，究極的な目的の解明と，深い現実認識が，現代人にとって，必要不可欠な課題だと考えています。

　私たちが，知らず知らずのうちに，まわりから取り入れた特定の価値概念（モノサシ）に支配されることについては，くり返し指摘してきました。その無自覚的に取り込んだ価値概念の枠の中で，私たちのあらゆる思いが生じてきます。

　しかし，私たちは，自分の人生の目的を，自ら決めることができます。そ

して、その目的を実現する手段を考え出すことができます。さらに、その手段の一つひとつを実行してゆくことができます。つまり、自己の目的にもとづいて、自分で自分を形成してゆくことができるのです。

しかし、ともすれば、私たちは、衝動のままに、あるいは、感情のままに行動して、後悔します。私たちが外からの刺激を受けて、内からの衝動に動かされて行動すると、私たちの行動は一貫しないものになります。なぜならば、衝動は、前後の見境なく、私たちの内部から突発的に生起してくるからです。しかし、私たちは自分の衝動や情動に距離をもちつつ、自分の究極的目的を自覚して、その実現に向かって生きることもできるのです。

もし、自分が自分の選択した目的に向かって、一歩一歩、進んでいると感じられる時、私たちは、充実感を得ることができます。自分の人生に責任をもつことができます。

5．私たちは、"全現実存在受容"が可能になることを願っている

では、いったい、私たちの人生に究極的な目的というようなものが、あるのでしょうか？

私は、あると信じています。

私たちは、自己の存在を否定しても、他者の存在を否定しても、落ちつきません。私たちは、特定の条件（モノサシ）にもとづいて、自己を肯定し、他者を否定しても、あるいは、その反対に一定の条件（モノサシ）にもとづいて、自己を否定し、他者を肯定しても、落ちつかないのではないでしょうか。

さらに、特定の条件にもとづいて、自己と他者を共に肯定しても、あるいは、その反対に、自己と他者を共に否定しても、本当には落ちつけないのではないでしょうか。

真に、私たちが落ちつくことができるのは、自己と他者を条件つきで肯定したり、否定したりするのではなく、あらゆる条件を超えて、無条件的に自

己と他者の現実存在を受容する時ではないでしょうか。

　このような無条件的な自己と他者の現実存在受容を目ざして生きることが，私たちの人生の究極的課題ではないでしょうか。

　自己の価値や他者の価値を否定すること自体を人生の目的としているような人が，世の中には存在しています。しかし，そのような人は，本当の意味で，自己の現実存在を受容し，他者の現実存在を受容する，という経験をもてなかったのではないでしょうか。

　私には，私たちが本当に願い求めていることは，ただ，一つのように思われます。

　それは，たえず新たに，既成の自己の価値概念を超えて，自己の現実存在と他者の現実存在を受けとめ，自己と他者が共に生きる道を探すことであると。そう，私は信じています。

第5節　世界の三次元

1．どのように，人間は，世界と関わっているのか？

　自己形成史分析では，人間を端的に"世界との関わりにおいて，自己形成する存在である"と捉えています。私たち人間は，世界のただ中で，他者に関わりつつ，自己に関わっている存在です。

　乳児の時には，私たちは，まわりの他者と一体化して生きています。自己と他者とが未だ分離していないのです。自分の感情を他者にそのまま投影して生きています。しかし，やがて自他未分化の段階から，自他分化の段階へ移行してゆきます。そして，さらに自己と他者との分離を前提として，それを超えて，他者と交流する段階に移行します。

　言いかえると，第一段階は，自己と他者の未分化の段階です。第二段階は，

自己と他者が分化した段階です。第三段階は，自己と他者が分化しつつ，それを超える交流が可能となる段階です。このことは，個人の歴史においても，世界の歴史においても同じように当てはまります。

　第一段階は，自然と人間との未分化の段階です。第二段階は，自然と人間が分化する段階です。第三段階は，自然と人間が，その分化を超えて交流する段階です。21世紀の人間の課題は，この第三段階の実現にある，とも言うことができるでしょう。

　ということは，私たちが世界との関わり方の段階を踏んでゆくことで，新しい未来（現在を超える未来）を開く可能性があるということを意味しています。私たちは，自分の過去の事実や，現在の事実を変えることはできません。しかし，自分の過去の事実の意味づけが変化することで，自分の未来の意味づけが変化する可能性はありえるのではないでしょうか。過去の続きとして現在があることは事実ですが，未来も現在と同じ状態が続くとは限らないのです。

　自己形成史分析という学問では，世界を大きく三つの次元に分けて捉えています。その三つの次元とは，"自然的次元"，"社会的次元"，"文化的次元"です。

　自己形成史分析では，なぜ，自然的次元，社会的次元，文化的次元というように次元を分けるのでしょうか。自然的次元，社会的次元，文化的次元と次元を分けて，人間を理解したときに，初めて，いままでの人間についての多種多様な考え方を，一つの人間観の中に統合することができるからです。

　自然的次元では，私たちは，自然環境の世界に反応して，自然的身体（自然的自己）として，自然的機能を発揮して，生きています。社会的次元では，私たちは，社会集団の世界に適応して，社会的個人（社会的自己）として，社会的役割を遂行して，生きています。文化的次元では，私たちは，文化伝

統の世界に呼応して，文化的人格（文化的自己）として，文化的価値を表現して，生きています。

  • 自然的世界とは，自然環境の世界である
　自然とは，"私たち人間が作り出せない，与えられたものの全て"を意味しています。たとえば，空，海，陸，森などです。自然環境（これがなくては生きられないという環境）は，大きく四つに分けられるでしょう。それは，昔から"四大"と呼ばれている"風水火土"です。"風"は空気，"水"は水，"火"は太陽，"土"は大地を，それぞれ表しています。空気，水，太陽，土によって植物は育ちます。そして，その植物を食べて私たちは生きているのです。私たち人間は，一週間ぐらい食物を食べなくても死ぬことはありませんが，三日以上水を飲まないと死に至ります。空気を吸えないと，私たちはすぐに死を迎えます。このように，自然的次元の世界は私たちが生きる上で全ての基礎となります。

　一般的に，自然の見方には，機械的に捉える自然の見方（物理学的捉え方），有機論的に捉える自然の見方（生物学的捉え方），擬人論的に捉える自然の見方（宗教文学的捉え方）があります。
　自然を機械論的に捉える人は，部分（もの）を全体から切り離して考えます。そして，ある部分が変わっても全体は変わらないと考えます。たとえば，機械は部品を取り替えても同じように働きつづけるからです。
　それに対して，自然を有機論的に捉える人は，全体を部分に分けて見ることはできても，切り離すことはできない，と考えます。それゆえ，ある部分が変わると，全体も変わると考えます。人間の体の一部を手術で切り取ると，全体の働きが変わってしまいます。部分の変化は，全体の変化を引き起こすのです。
　自然を擬人論的に捉える人は，自然現象を人の振る舞いに喩えます。たと

えば、"お日さまが微笑んだ"、"風が囁いた"、というようにです。

　自然的環境の世界を、"自然的構造機能の循環総体"として捉えることができる、と考えています。たとえば、私たちの身体には、特定の構造があります。それぞれの構造には、特定の機能があります。たとえば、胃腸という器官には、消化機能があり、肺という器官には呼吸機能がある、いうようにです。自然的構造と自然的機能は、表裏一体をなしていて、決して、切り離すことはできません。

　まとめて言うならば、自然的世界とは、自然環境の世界であり、自然環境の世界とは、自然的構造機能の循環総体である、と言いかえることができるでしょう。

　"自然的構造機能"の"構造と機能"は"かたちとはたらき"と言い換えることができます。目に見える"かたち"は、目に見えない"はたらき"を伴っています。"かたち"あるところには、必ず"はたらき"がある、ということです。その場合、"かたち"が"はたらき"の基礎になります。

　自然の特徴は、反復循環にあります。それは、私たち自身の体の新陳代謝を考えてみるとよく分かると思います。生物はつねに必要なものを取り入れて、不要なものを出すということをくり返しています。それと同じように、自然環境全体も循環反復しているのです。水は、海と陸から水蒸気となって、天に上昇し、やがて、雨となって地に下降してきます。つまり、水は、天と地の間を反復して循環しているのです。

　ですから、自然を大きく"自然的構造機能の循環総体"である、と捉えることができます。

　私たち人間は自然的環境から、生きるための生活条件を獲得してゆきます。自然との関わりにとって、もっとも重要なものは、"技術"です。その技術には、道具の段階と、機械の段階とがあります。機械の段階も、私たちの身

体の運動力をそのまま機械化した段階（動力革命）と，私たちの頭脳力をそのまま機械化した段階（情報革命）という形で進展してきました。

• 社会的世界とは，社会集団の世界である

　反復循環する"自然の法則"の土台の上に，"社会制度"が成立しています。つまり，自然的次元の上に，社会的次元が成り立っています。

　社会的制度の世界は，"社会的地位役割の期待総体"として捉えることができます。一つの社会集団には，地位の序列があり，それぞれの地位に応じた役割があります。たとえば，社長，部長，課長，係長という地位の序列があり，それぞれの地位に応じた役目があります。

　まとめて言うならば，社会的世界とは，社会的制度の世界であり，社会的制度とは，社会的地位役割の期待総体である，と言いかえることができるでしょう。

　社会の制度は，技術の進展に伴って，大きく変貌してきました。

　当初の社会は，農業中心でした。農業社会において，人間は，自然的な血縁，ないしは地縁でつながっていました。つまり，血縁にもとづく家族，地縁にもとづく村落，血縁と地縁によってつながっている国家，などのような共同社会です。これはゲマインシャフトと呼ばれています。

　家族という自然的な血のつながりは，「私はこの家族の一員ではない」と否定しても，家族という共同体をやめることはできません。ですから，家族とは，運命共同体なのです。家族は，あらゆる社会集団の土台である，と言ってよいでしょう。

　しかし，現在では，家族の他にもう一つ選べない共同社会があります。それは，"国家"です。他の国の国籍を得ることは不可能ではありませんが，同じ人種，同じ国土に生まれた集団の一員という意味で，国家を自由に選択することはできない，と言ってよいでしょう。

近代になって，農業社会から，産業社会へと変化しました。

現代の産業社会では，私たちは，自由に"結社"を作ることができます。結社というのは，何人かの人が共通の目的を達成するために集まって作る団体を意味しています。

現代において最も多く見られる結社は，経済的目的を果たすために作られる"会社"という名の団体です。他にも，教育目的を果たすために作られる"学校"，医療目的を果たすために作られる"病院"など，さまざまな団体が作られています。

現代では，目的に応じて無数の結社が作られています。人と人とは，血縁や地縁で自然に結びつくのではなく，特定の目的によって結びつきます。したがって，私たちは，結社という名の団体に入ることも，出ることも自由です。どのような団体を選ぶかも自由です。

自然発生的な団体では，人びとは"情"によってつながっています。人工的に作った団体では，人びとは"理"によってつながっています。家族や国家がホットでウェットな集団であるとすれば，会社はクールでドライな集団であると言ってよいでしょう。

社会学者は，古代に見られる社会の形を共同社会（ゲマインシャフト）と呼ぶのに対して，現代に見られる社会の形を組織社会（ゲゼルシャフト）と呼んでいます。

・文化的次元の世界とは，文化的歴史の世界である

自然的身体の上に社会的個人が成り立ちます。その社会的個人の上に，文化的人格が成り立ちます。つまり，文化というものは，社会があってこそ成立するものなのです。

文化的伝統の世界は，"文化的価値概念の表現総体"として捉えることが

できます。それぞれの文化には，それぞれの価値概念があります。文化的世界とは，文化的歴史の世界であり，文化的歴史の世界とは，文化的価値概念の表現総体である，と言いかえることができるでしょう。

　文化とは，なんらかの意味で人間が作り出したものです。作り出されたものには，必ず作り手の価値概念が潜んでいます。出来上がったものに，作り手の価値概念が表現されているのです。
　たとえば，日本の文化の中には"長いものには巻かれよ""寄らば大樹の陰""出る杭は打たれる"というように，"秩序に反抗するな"，"秩序に同調せよ"ということを表す価値規範が多くあります。それは，"人に合わせることが大切である""人間関係には，協調性が不可欠である"という日本の社会制度の世界から生まれてきたものです。
　その社会制度は，日本人が稲作によって生活してきたことと深く関係しています。自然的次元と社会的次元が深く関係しているわけです。稲作は，田植えにしろ，稲刈りにしろ，ある時期の間に短期間で作業をしなければなりません。作業を短期間でやるためには，大勢の人間が協力する必要があります。村人全体が協力してゆかなければ，お米を収穫することができないのです。そのため，皆に従わない者は，"村八分"にされました。このようにして，村に住んでいる人みんなが同じ振る舞いをするようになっていったのです。

　"自然"がもともと与えられた条件であるのに対して，"社会"と"文化"は，人間が作り出した条件です。社会的条件と文化的条件は，自然的条件と対比するならば，"歴史的条件"であると言うことができるでしょう。

2．私たちは，三つの次元の世界の中で生きている

　私たちは，自然的世界，社会的世界，文化的世界と関わって生きています。

図1　世界と自己の関連

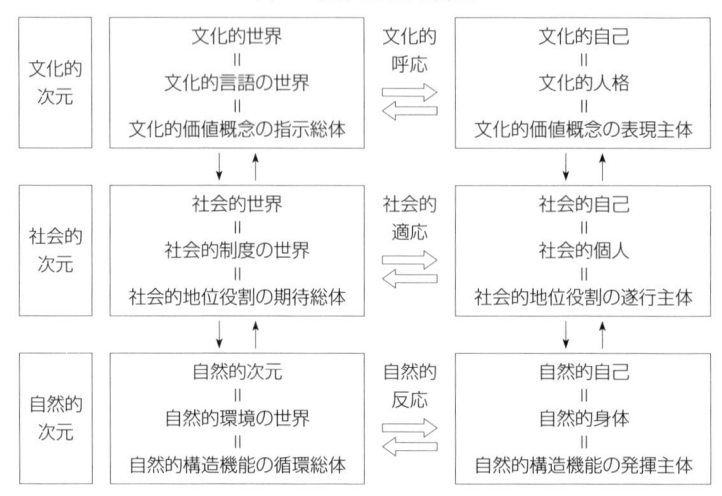

次元	世界	相互作用	自己
文化的次元	文化的世界 = 文化的言語の世界 = 文化的価値概念の指示総体	文化的呼応 ⇄	文化的自己 = 文化的人格 = 文化的価値概念の表現主体
社会的次元	社会的世界 = 社会的制度の世界 = 社会的地位役割の期待総体	社会的適応 ⇄	社会的自己 = 社会的個人 = 社会的地位役割の遂行主体
自然的次元	自然的次元 = 自然的環境の世界 = 自然的構造機能の循環総体	自然的反応 ⇄	自然的自己 = 自然的身体 = 自然的構造機能の発揮主体

上の図を見てください。

　自然的環境における自己を，"自然的自己"と言います。

　社会的集団における自己を，"社会的自己"と言います。

　文化的伝統における自己を，"文化的自己"と言います。

　自然的自己は，自然的世界に相応し，社会的自己は，社会的世界に相応し，文化的自己は，文化的世界に相応します。自己が世界に働きかけてゆくのと同時に，世界は自己に働きかけてきます。自己と世界は相互に働きあっている，と言うことができるでしょう。

　私たちは，三つの世界と関わりをもって生きています。それぞれの世界と関わりをもっているそれぞれの自己は，どのような意味をもっているのでしょうか。一つひとつ詳しく見てゆきましょう。

・自然的自己とは，身体である

　自然的自己とは，"身体"を意味しています。"自然"という言葉は，"私

たちに与えられている全て"を意味しています。

　自然的環境に対する，私たちの行動は，自然的"反応"という言葉で表すことができるでしょう。自然環境における，"身体"としての私たちは，自然的環境の変化に反応して，自然的構造にもとづく機能を発揮してゆくことで，自然的生存を維持してゆきます。

　たとえば，気温が上がって，まわりが暑くなると，私たちの身体は自然に反応して，毛穴が開いて，汗が出ます。気温が下がって，まわりが寒くなると，私たちの身体は自然に反応して，鳥肌が立ちます。私たちは，自分の意志で毛穴を開くことも閉じることもできません。私たちの身体が環境の変化に反応して，自ずから身体の機能を発揮するのです。

　それゆえ，"自然的自己"とは，"自然的身体"であり，"自然的身体"とは，"自然的反応行動の主体"であり，"自然的反応行動の主体"とは，"自然的構造にもとづく機能の発揮主体"である，と言うことができるでしょう。

　したがって，自然的自己形成とは，"自然的構造にもとづく機能を発揮して，自然的生存を維持することによって，自己評価しようとする試み"であると言うことができるでしょう。その結果，自然的"体質"が形成されます。

- 社会的自己とは，個人である

　社会的自己とは，"個人"を意味しています。"社会"という言葉は，"私たち人間同志の関わりの全て"を意味しています。

　社会集団には，必ず集団の目的があります。たとえば，学校は人を教育する目的で設立されています。病院は人を治療する目的で設立されています。言いかえると，どのような集団にも必ず目的があります。集団は，集団の目的を果たすために，一定の組織をもっています。

　たとえば，会社ならば，企画部，製造部，営業部，経理部，総務部，などというようにです。そして，各部には，取締役部長，課長，係長というような地位の序列があります。社員は，その地位にふさわしい役割を各々が果た

すように，期待されています。つまり，各集団の各々が社会的地位にもとづく役割を担っているわけです。そして，私たちは，占めた地位にふさわしい役割を果たすと，まわりから評価されます。社会制度とは，社会集団の地位役割の体系である，と言うことができるでしょう。

社会的集団に対する，私たちの行動は，社会的"適応"という言葉で表すことができます。自然的な"反応"と違って，社会的な"適応"の場合には，自分自身の意志が多少なりとも関わってきます。社会集団における"個人"としての私たちは，社会的期待に適応して，社会的地位役割を遂行してゆくことで，社会的評価を獲得してゆきます。

それゆえ，"社会的自己"とは，"社会的個人"であり，"社会的個人"とは，"社会的適応行動の主体"であり，"社会的適応行動の主体"とは，"社会的地位にもとづく役割の遂行主体"である，と言ってよいでしょう。

社会的自己形成とは，"社会的地位役割を遂行して，社会的評価を獲得することによって，自己評価しようとする試み"である，と言うことができるでしょう。その結果，社会的"性格"が形成されます。

- 文化的自己とは，人格である

文化的自己とは，"文化的人格"を意味しています。"文化"という言葉は，"私たちが創り出したもののすべて"を意味しています。

文化的言語に対する，私たちの行動は，文化的"呼応"という言葉で表すことができます。ここで文化的言語と言う時には，美術のような視覚形象も，音楽のような聴覚形象も含まれています。文化的伝統における"人格"としての私たちは，文化的言語に呼応して，文化的価値概念を表現してゆくことで，文化的個性を形成してゆきます。

"文化的自己"とは"文化的人格"であり，"文化的人格"とは，"文化的呼応行動の主体"であり，"文化的呼応行動の主体"とは，"文化的価値にもとづく概念の表現主体"である，と言ってよいでしょう。

文化的自己形成とは、"文化的価値概念を表現して、文化的業績を達成してゆくことによって、自己評価しようとする試み"である、と言うことができるでしょう。その結果、文化的"個性"が形成されます。

文化的言語の世界に対する"呼応"には、社会的"適応"に比べて、一段と自由意志によって選択する余地が大きくなっています。社会的な"適応"には受動的な側面が大きいのですが、文化的な"呼応"には、能動的な側面が大きいと言ってよいでしょう。

私たちは、さまざまな価値概念の中から、自分の意志で、ある価値概念を選び取って、行動します。たとえば、「私はキリスト教徒になろう」「私は共産党に入党しよう」というように、自由選択の可能性をもっています。

3. 身体は個人を支え、個人は人格を支え、人格は個人を導き、個人は身体を導く

世界は、いくつかの次元の世界に分けることはできても、お互いに関連しあっていますから、切り離すことはできません。自己も、世界と同じように、いくつかの自己に分けることはできても、切り離すことはできません。より下の次元の自己は、より上の次元の自己を基礎づけ、その反対に、より上の次元の自己は、より下の次元の自己を方向づけるという形になります。つまり、各次元の自己は、基礎づけと方向づけという垂直関係にあるのです。

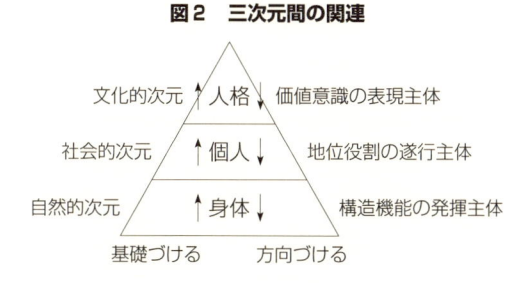

図2 三次元間の関連

文化的次元	↑人格↓	価値意識の表現主体
社会的次元	↑個人↓	地位役割の遂行主体
自然的次元	↑身体↓	構造機能の発揮主体

基礎づける　方向づける

・下位の次元の自己は，上位の次元の自己を基礎づける

　私たちは，自然的構造にもとづく機能を発揮して，自然的生存を維持することによって，社会的地位役割を遂行して，社会的評価を得ることができます。すなわち，自然的身体としての自己は，社会的個人としての自己を基礎づけています。もし，私たちが自然的構造にもとづく機能を発揮して，自然的生存を維持することができなければ，社会的地位にもとづく役割を遂行して，社会的評価を得ることができない，と言ってよいでしょう。

　私たちは，社会的地位にもとづく役割を果たして，社会的評価を得ることによって，文化的価値にもとづく概念を表現して，文化的業績を達成することができます。すなわち，社会的個人としての自己は，文化的人格としての自己を基礎づけています。もし，私たちが社会的地位にもとづく役割を遂行して，社会的評価を獲得することができなければ，文化的価値にもとづく概念を表現して，文化的業績を達成することができない，と言ってよいでしょう。

　まとめて言うならば，自然的構造による機能の発揮は，社会的地位による役割を遂行する土台となり，社会的地位による役割の遂行は，文化的価値による概念を表現する土台となる，と言うことができるでしょう。

・上位の次元の自己は，下位の次元の自己を方向づける

　私たちの文化的価値概念は，私たちの社会的地位役割の遂行を方向づけます。すなわち，文化的人格としての自己は，社会的個人としての自己を方向づける，と言うことができるでしょう。私たちがもっている文化的価値概念が異なると，私たちの社会的地位にもとづく役割の果たし方が異なってきます。たとえば，同じ学校の先生であっても，共産党員の先生と，キリスト教徒の先生では，学校のストライキに対しての行動が違ってきます。共産党員の先生はストを決行し，キリスト教徒の先生はスト破りをして授業を行う，

ということもあり得ます。

　私たちの社会的地位役割の遂行は，私たちの自然的構造機能の発揮を方向づけます。すなわち，社会的個人としての自己は，自然的身体としての自己を方向づける，と言うことができるでしょう。私たちの地位役割の遂行が異なると，私たちの身体的構造機能の発揮（利用）の仕方が異なってきます。頭脳労働に従事するホワイトカラーの人と，肉体労働に従事するブルーカラーの人とでは，発揮する身体的機能が異なります。ホワイトカラーの人は，主として頭を使い，ブルーカラーの人は，主として体を使うからです。さらに，同じ運動選手であっても，運動種目が異なれば，使う筋肉が異なってきます。

　まとめて言うと，文化的価値概念は，社会的地位役割を遂行する指針となり，社会的地位役割は，自然的構造機能を発揮する指針となる，と言うことができるでしょう。

第3章　社会的自己形成の三類型

第1節　社会的自己形成の解明

1．なぜ，社会的自己形成に焦点をあてるのか

　自己形成史分析では，自己形成を四つの次元の自己形成に分けています。自然的自己形成，社会的自己形成，文化的自己形成，究極的自己形成の四つです。この四つの次元の自己形成は，分けることはできても，切り離すことはできません。

　すでに第2章で述べたように，自然的自己形成は，自然的体質をつくり出し，社会的自己形成は，社会的性格をつくり出し，文化的自己形成は，文化的個性をつくり出します。究極的自己形成は，究極的交流をつくり出します。

　自然的自己とは，自然的身体としての自己を意味しています。社会的自己とは，社会的個人としての自己を意味しています。文化的自己とは，文化的人格としての自己を意味しています。そして，究極的自己は，究極的実存としての自己を意味しています。

　自己評価分析では，この中の社会的自己形成における自己評価の試みを読み取っていきます。なぜ，社会的自己形成だけに焦点を絞ったかというと，私たち人間は，主として社会的他者との関わりの中で自己形成をしているか

らです。とりわけ，私たち日本人が自己形成する過程では，必ずと言ってよいほど，社会的他者の存在が意識されています。ですから，私たち日本人の自己形成は，ほとんどが社会的自己形成である，と言ってよいでしょう。

　自然的自己形成は，社会的自己形成の土台となっています。また，文化的自己形成も，私たちの社会的自己形成を意味づけています。私たちは，文化的価値に導かれ，自然的機能に支えられて，社会的役割を果たしています。それゆえ，自然的次元の自己形成と，文化的次元の自己形成を視野に入れながら，社会的自己形成に焦点を当てて解明してゆきます。

２．社会的自己形成は，三つの型に分けられる

　自己形成史分析では，社会的自己形成を三つの型に分類しています。他者準拠型，他者模倣型，他者競争型の三類型です。

　①他者準拠型の自己評価の試み

　他者準拠型の自己評価の試みは，ある集団の中で，ある他者を選び，その他者の評価に準拠することによって，自己の存在価値を確認しようとする試みです。この類型において，ある他者とは，特定単独の他者を意味する場合もあれば，特定複数の他者を意味する場合もあります。日本人にとって，この他者準拠型の自己評価の試みというのは，特別に重要な位置を占めています。

　②他者模倣型の自己評価の試み

　他者模倣型の自己評価の試みは，ある集団の中で，ある他者を選び，その他者を模倣することによって，自己の存在価値を確認しようとする試みです。

　この類型においても，ある他者とは，特定単独の他者を意味する場合もあれば，特定複数の他者を意味する場合もあります。

③他者競争型の自己評価の試み

 他者競争型の自己評価の試みは，ある集団の中で，ある他者を選び，その他者と競争することによって，自己の存在価値を確認しようとする試みです。

 この類型においても，ある他者とは，特定単独の他者を意味する場合もあれば，特定複数の他者を意味する場合もあります。

④三類型間の関連

 三類型の自己形成は，それぞれ独立しているわけではありません。

 社会的自己形成では，他者準拠型の自己形成が基本になります。

 他者準拠型の自己形成をベースとして，次に，他者模倣型と他者競争型の自己形成が現れてきます。

 他者模倣型と他者競争型との間にも，関連があります。

 他者模倣型では，模倣する自己と模倣される他者との間には，肯定的関係が潜んでいます。言いかえると，模倣する自己は，模倣しようとする他者に憧れています。

 他者競争型でも，ある他者を競争相手と認めているのですから，一応，肯定的関係が潜んでいると言えます。けれども，"その人を追い越したい"という欲求があるので，競争他者に対する否定的関係もはらまれています。

 そして，他者模倣型の自己形成から，他者競争型の自己形成に移行してゆく傾向性が潜んでいます。たとえば，子どもが＜お父さんのようになりたい＞と思い，頑張っていたとします。そのうち，子どもが成長してゆくと，＜お父さんを追い越したい＞と思うようになります。このように，模倣のモチーフが，やがて競争のモチーフに転換してゆくということも起こりうるのです。

3．自己評価の試みは，二つの方式に分けられる

 社会的自己形成の三つの類型は，大きく二つの方式に分けられます。私た

ちは，自己評価が守れないと感じた場合，さまざまな操作をします。その自己評価を守る方法の違いによって，基本方式と派生方式に分けることができます。派生方式は，さらに，二つに分かれます。対抗方式と代償方式です。

①基本方式

　二つの方式は，"自己評価の試み"の違いです。私たちは，自己評価ができないと感じた場合，さまざまな自己評価を守るためのやりくりをします。

　基本方式とは，それぞれの類型における，典型的な社会的自己形成の仕方を意味しています。すなわち，他者に準拠したり，他者を模倣したり，他者と競争したりすることで，自己評価しようとする試みです。

　"自己評価しようとする試み"とは，積極的には，自己肯定しようとする試みであり，消極的には，自己否定しなくてすむようにしようとする試みです。

　端的に言えば，積極的には，"自己肯定追求の試み"であり，消極的には，"自己否定回避の試み"です。

②派生方式

　派生方式とは，それぞれの類型において，基本方式の操作をしても，自己評価が守れないと感じた場合に出現する，自己評価防衛の試みの方式です。この派生方式は，他者に対する執着の度合いによって，対抗方式と代償方式に分けられます。

　対抗方式は，他者から価値を剥奪したり，自己に価値を付与する操作方式です。他者準拠型ならば，準拠他者の価値を引き下げたり，準拠他者に対する自己の価値を引き上げたりして，自己評価を防衛しようとします。他者模倣型ならば，模倣他者の価値を引き下げたり，模倣他者に対する自己の価値を引き上げたりして，自己の評価を防衛しようとします。他者競争型ならば，

競争他者の価値を引き下げたり，競争他者に対する自分の価値を引き上げたりして，自己の価値を防衛しようとします。

ただ，どのように，他者の価値や自分の価値を上げたり，下げたり操作したとしても，無意識的には，自己が準拠したり，模倣したり，競争したりしている他者を，価値あるものと感じていることに変わりはありません。他者準拠型の場合をあげてみましょう。他者準拠型では，準拠他者の評価によって，自己評価が決定しますから，準拠他者は絶対的な価値をもっています。その準拠他者の価値を引き下げようと試みたり，自分の価値を引き上げようと試みるのですから，初めから，矛盾がはらまれています。特に，準拠他者に固執しつつ，反抗をする（価値を引き下げる）場合は，強い葛藤を引き起こすことになります。

同様に，他者模倣型においても，他者競争型においても，他者に価値があることが前提になっています。それにもかかわらず，他者の価値を引き下げたり，自分の価値を引き上げたりするのですから，非常に無理のある自己評価の守り方になります。

代償方式とは，それぞれの類型の他者を変更することで，自己評価を防衛しようとする方式です。他者準拠型ならば，自分を否定する準拠他者の代償として，自分を否定しない準拠他者に変更したり，自分を肯定しない準拠他者の代償として，自分を肯定する準拠他者に変更したりします。もとの準拠他者を価値あるものとしながらも，諦めざるを得なくなって，ほかの他者に代えるという形をとることになります。ですから，もとの準拠他者に対する固執の度合いは，対抗方式よりも少ないといえます。

同様に，他者模倣型では，自分が異なっている，あるいは，同じになりえない模倣他者を，自分が異ならないですむ，あるいは，同じになりうる模倣他者に変更します。他者競争型では，自分が負けてしまう，あるいは，勝つことができない競争他者を，自分が負けない，あるいは，勝つことができる

競争他者に変更します。

　③二つの方式間の関連
　この二つの方式の間にも関連があります。私たちは，最初，基本方式をとりますが，適応しきれない場合に，派生方式に移行します。派生方式のなかでも，まず，対抗方式をとって，それでも，自己評価が守れない場合に，代償方式という形をとります。ただ，それぞれの方式は，順番に現れると決まっているわけではありません。交互に混ざっていたり，一足飛びに現れたりすることもあります。一般的な現れ方として，そのような傾向があるということです。
　一例をあげましょう。学校という集団の中では，子どもたちは，ふつう，先生を準拠他者にしています。先生は，"勉強ができること"という価値概念で，子どもたちを評価します。最初は，基本方式をとって，先生の期待するように勉強ができるようになりたいと思います。
　しかし，ある子どもたちは，勉強ができないため，先生や友だちから，自分の存在価値を認められる機会がありません。そこで，派生方式をとって，自分を評価できるようにしようとします。
　先生に肯定されない，あるいは，否定されていると感じると，ある子どもは，拠りどころとしている先生自身の価値を引き下げようと試みます。先生の期待に反する行動をとって，先生に反抗しようとします。たとえば，教師集団に対立する価値基準をもつ集団（不良グループ）を形成します。たった一人で反抗する，という場合もありますが，中学生や高校生の場合，通常は，集団で反抗する形をとります。その場合，価値基準は，"どれだけサボれたか""どれだけタバコが吸えたか"ということが，反抗集団の価値基準になります。そのうちに，"先生の前で平気で吸えたか""先生に殴られてどれだけ平然としていたか"というように，次第にエスカレートしていきます。
　それでも，自分で自分の価値を認めることができないと，代償方式によっ

て準拠他者を変更します。たとえば，自分を肯定しない，あるいは否定する担任の先生から，自分を肯定する，あるいは，否定しないカウンセラーの先生に，拠りどころとなる先生を変更するのです。そのことで，一時的な安心は得ることはできます。しかし，心の奥底で拠りどころとしている担任の先生から認められるわけではありませんから，根底には，自己評価不安がはらまれたままです。さらに，カウンセラーの先生に，「あなたにも，悪いところがあるんじゃないの」などと言われると，さらに別の先生を探さなくてはならなくなります。

4．自己評価の試みには，積極的形態と消極的形態がある

　二つの形態は，自己評価の試みの方法が，プラスの方向を追求しようとしているのか，マイナスの方向を回避しようとしているのか，という違いです。

　さらに具体的に言うと，積極的形態というのは，自分にとって望ましい状態になることを求める方向です。消極的形態というのは，自分にとって望ましくない状態になることを避ける方向です。

　二つの形態は，どちらか一つの方向がはっきりと現れることもあります。しかし，通常は，二つの方向が混ざっていて，どちらかがより強く意識され，どちらかがより弱く意識されます。

　他者競争型の基本方式で，"クラス対抗リレーに勝つこと"が価値基準になっていたとしましょう。＜勝たなければ，意味がない。何がなんでも勝ちたい＞というならば，積極的形態となり，＜負けたくはない。ビリにだけはなりたくないよ＞というのであれば，消極的形態になります。しかし，勝つことを追求しようとすることと，負けることを回避しようとすることは，表裏一体をなしていて，切り離せません。

　切り離しにくいものを，なぜ分けてみるのでしょうか。

　両者の違いは，私たちの目ざす方向として，現在の状況がよりプラスの状況になることを求めるのか，現在の状況がよりマイナスの状況になることを

表1　社会的自己形成の三類型――危機回避の方法

類型		基本方式		対抗方式		代償方式	
		積極的形態	消極的形態	積極的形態	消極的形態	積極的形態	消極的形態
他者準拠型	特定の他者の評価に準拠することによって，自分の存在価値を評価する	準拠他者の期待に適うようにする	準拠他者の期待から外れないようにする	準拠他者の価値を引き下げる	準拠他者に対する自分の価値を引き上げる	自分を肯定する準拠他者に変更する	自分を否定しない準拠他者に変更する
他者模倣型	特定の他者を模倣することによって，自分の存在価値を確認する	模倣他者に類似するようにする	模倣他者に相違しないようにする	模倣他者の価値を引き下げる	模倣他者に対する自分の価値を引き上げる	自分と類似する模倣他者に変更する	自分と相違しない模倣他者に変更する
他者競争型	特定の他者と比較競争することによって，自分の存在価値を確認する	競争他者より優れるようにする	競争他者より劣らないようにする	競争他者の価値を引き下げる	競争他者に対する自分の価値を引き上げる	自分より優らない競争他者に変更する	自分より劣る競争他者に変更する

避けるのか，という違いにあると言えるでしょう。

　前者は，"前進追求"形態であり，後者は，"後退回避"形態である，と言いかえることができます。主として"前進追求"を志向するのか，主として"後退回避"を志向するのかによって，生き方が違ってきます。現代では，一般的に，"前進追求"のほうが，"後退回避"よりも価値がある，と考えられています。しかし，自己評価分析では，"後退回避"の方が，"前進追求"よりも価値があるかもしれない，と考えています。どちらの対応が適切かは，状況によるからです。

　類型ごとの方式と形態は，"他者準拠型の基本方式の積極形態"というように書き表します。第2節で，一つひとつ詳しく見てゆきましょう。

5．なぜ，自己評価の試みの仕方を理解するのか

　自分の自己評価の試みのパターンを理解することは，巨視的な形で，自分

がどのような自己形成をしてきたかを発見することにつながります。

　たとえば，ある場面をセルフ・カウンセリングの方法で探究します。心のセリフを書いてみて，ある特定の他者の，自分に対する評価に対して，強い怒り，あるいは，強い怖れの思いがあったことに気づく場合があります。

　そのように気づいたとすると，その他者の評価に対して，自分が深い関心を抱いていたことがわかります。つまり，自分がその他者の評価に準拠して自己評価していた，という理解が可能になるわけです。

　自分の過去の経験を，自己評価分析の理論の光に照らしてふり返った時，たとえば，幼児の時には，準拠他者が母親であり，中学の時には，先生となり，高校の時には，友だちになり，大学の時には，サークルの仲間となり，就職したら，会社の上司になり，結婚したら，夫（または妻）となる，というように見えてくるかもしれません。そして，人生の，それぞれの時期において，それぞれの準拠他者にもとづいて，自分の価値を評価しようとしてきたことも，見えてくるかもしれません。

　このようにして，自分の自己評価の歴史が，その人なりに見えてくるのです。

　自分が自分をどのような価値概念で自己評価してきたかを明らかにすることによって，自分の人生の価値は，自分が決定しているのだ，ということが分かってきます。

　自己評価分析の理論で自分の自己評価の歴史を解明してゆくと，自分の人生の責任は，最終的には，自分にある，ということが鮮明になってきます。

　人間は，自己の生き方に対して，自由な責任を負う主体であるということに気づくことは，自分の行動を全て，自分の責任として引き受けられることにつながります。

　自己評価分析の理論は，そういう主体性を確立する，意識の変革を目ざして作られています。

第2節　三類型の自己評価の試み

では，それぞれの類型の自己評価の試みを，詳しく見てゆきましょう。

1．他者準拠型の自己評価の試みとは？

　社会的自己形成では，他者を拠りどころとする自己評価の試みが基本になります。他者の，自分への評価によって，自分自身の存在価値を肯定しようとする試みが，社会的自己形成です。

　他者を拠りどころにしている場合，他者から肯定されると，自分で自分の存在価値を肯定することができ，その反対に，他者から否定されると，自分で自分の存在価値を否定せざるを得なくなります。その"拠りどころ"となっている人物を，"準拠他者"と呼ぶことにしましょう。

　他者準拠型の自己評価の試みは，次のように定義することができます。
　　『私たちが，不特定多数の他者から認められている，ある特定他者を選び，その特定他者の評価に準拠することによって，自分の存在価値を評価する試み』であると——。

　他者準拠型の自己評価の試みを，基本方式，対抗方式，代償方式という三つの方式に分けることができます。

　①他者準拠型における，基本方式の自己評価の試み
　他者準拠型における，基本方式の自己評価の試みを，さらに，積極的，消極的の二つの形態に分けることができます。
　積極的形態としては，準拠他者の期待に適うことによって，準拠他者の肯定的評価を獲得して，自分の存在価値を肯定できるようにしようと試みます。

消極的形態としては，準拠他者の期待からはずれないことによって，準拠他者の否定的評価を回避して，自分の存在価値を否定しなくてすむようにしようと試みます。

　子どもの自己形成の場合を例にとってみましょう。準拠他者は，母親であったとしましょう。その母親の価値基準は，"勉強できること"であったとします。子どもがとった国語と算数の成績が悪かった場合，子どもは，自分のとった成績が悪いので親から肯定されない，と感じると，自己評価不安に陥ります。
　子どもは，その自己評価不安から逃れるために，親から肯定されたい，と思います。そう思ったときに，子どもが最初に取る形は，親の期待に適うことをすることです。
　基本方式の積極的形態としては，母親の期待に適うことをして，自己評価しようとします。子どもは＜お母さんは，ぼくの国語の成績がいいと，機嫌がよくなる。今度は，お母さんに褒められるように，頑張ろう＞というようにです。
　消極的形態としては，母親の期待から外れないことによって，自分の価値を否定しなくてすむようにしようとします。子どもは＜お母さんは，国語や算数ができないと機嫌がわるくなる。怒られないように，勉強しなくっちゃ＞というようにです。親の期待に反しないようにして，親から叱られることを避けることで，自己評価を守ろうとします。

　では，具体的な記述を取り上げて，見てゆきましょう。実際の記述には，こみ入った複雑な気持ちが表現されています。ですから，中に含まれている自己評価不安や，自己評価の試みは，複数のものが絡み合っていることがあります。どの部分を切り取るかによって，まるで違う捉え方も可能になる場合があります。単純に一つの見方で割り切れない問題があることを頭におい

て，実例を参考にしていただきたいと思います（他の実例も，同様にお考えください）。

▶他者準拠型・基本方式・積極形態
○水泳教室のクラスのランクが上がった時のこと
　　僕は＜また，上のクラスになれた。お母さん，何て言うかな？＞と思った。
　　僕は，認定証をお母さんに渡した。
　　母は，認定証を見た。
　　僕は＜お母さん，何にも言わない。この間は褒めてくれたのに。もっと，
　　　　　上のクラスにならないとダメなんだ。もっと，頑張ろう＞と思った。
既成の自己評価――――――母から肯定されるかどうかで自己評価してきた
自己評価不安の出現―――母に褒められなかったことで，自分は母から肯定
　　　　　　　　　　　されていないのではないか，と自己評価不安を感
　　　　　　　　　　　じた
自己評価欲求の発生―――母から褒めらることで，自己肯定したい，という
　　　　　　　　　　　欲求が生まれた
自己評価の試み――――――＜もっと，頑張ろう＞と考えることで，自己肯定
　　　　　　　　　　　しようと試みた

▶他者準拠型・基本方式・消極形態
○花瓶を壊した時のこと
　　私は＜手がすべっちゃった＞と思った。
　　母は「何してるの！　ボヤボヤしてるから，こんなことになるのよ」と言
　　　った。
　　私は＜お母さん，怒ってる。どうしよう。注意が足りなかったんだ。お母
　　　　さんに怒られないように，気をつけなくっちゃ＞と思った。
既成の自己評価――――――母に否定されるかどうかで自己評価してきた

自己評価不安の出現―――母から怒られたことで，母に否定されたと思い，自己評価不安を感じた
自己評価欲求の発生―――母に叱られないようにすることで，自己否定しなくてすむようになりたい，という欲求が生まれた
自己評価の試み―――〈お母さんに怒られないようにしなくちゃ〉と考えることで，自己否定しなくてすむように試みた

　ここで，ちょっと補足説明をしておきます。自己の存在価値を肯定したい，という欲求を積極的な自己評価欲求と名づけ，自己の存在価値を否定したくない，という欲求を消極的な自己評価欲求と名づけています。自己評価の試みも，自己の存在価値を肯定しようとする欲求にもとづく思考や行動は，積極的自己評価の試みと名づけ，自己の存在価値を否定したくない，という欲求にもとづく思考や行動を，消極的自己評価の試みと名づけています。
　ここで注目してほしいことは，自己評価の試みは，まず，思考操作によって行われ，さらに言動として行われる，ということです。
　したがって，思考すること自体が自己評価の試みとして考えられています。

②他者準拠型における，対抗方式の自己評価の試み
　準拠他者の評価による自己評価の試みをしたとき，私たちは，準拠他者から肯定されるならば，少なくとも，否定されないならば，落ちついていることができます。
　しかし，一生懸命に準拠他者の期待に適うようにしても，準拠他者から肯定されない，あるいは，否定されるなら，私たちの自己評価不安は強くなります。そして，準拠他者の期待に適応することによる自己評価の試みから，準拠他者の価値を引き下げたり，自己の価値を引き上げたりするような思考操作（やりくり）をすることによって，自己評価を防衛しようとする試みに移ります。

対抗方式の自己評価の試みも，積極的形態と消極的形態に分けられます。
　対抗方式の積極的形態としては，自分の存在価値を否定する準拠他者の価値を引き下げることによって，自己の価値を肯定できるようにしようとします。
　対抗方式の消極的形態としては，自己の価値を引き上げることによって，自分の価値を否定しなくてすむようにしようとします。

　子どもがとった国語と算数の成績が悪かった，という例で説明しましょう。初めは，基本方式で勉強しようと頑張りますが，母親の期待に適わないと，対抗方式をとり始めます。
　積極的形態としては，母親の価値を引き下げることによって，自己評価を守ろうとします。母親が「勉強しなさい」とうるさく言ってくると，子どもは「うるせーよ」と言って，母親の期待を拒絶します。さらには，「そういうてめえはどうなんだよ‼　ぜんぶ100点とっていたのかよ」と言い返したりします。この場合，自分の価値を否定する親の価値を否定し返すことによって，なんとか自己評価を守ろうとしているのです。
　消極的形態としては，自分の価値を否定する準拠他者に対して，自分の価値を引き上げて，自己の価値を守ろうと試みます。たとえば，「部活の練習がたいへんで，勉強する時間なんてなかったんだよ」，「お母さんは努力することが素晴らしいって言ったじゃないか。ぼくは一生懸命頑張ったんだよ」などと言い訳をしたりします。

　記述の実例では，夫を準拠他者にしている場合を取り上げてみましょう。

▶他者準拠型・対抗方式・積極形態
〇朝ごはんの片づけが遅れた時のこと
　　夫は「バスに乗り遅れちゃうから，急げ」と言った。

私は＜そんな勝手な〜　あなたが手伝ってくれないから遅くなったんでしょ！＞と思った。

既成の自己評価————————夫に肯定されるかどうかで，自己評価してきた
自己評価不安の出現————「急げ」と言われて，夫に肯定されてない，と自己評価不安を感じた
自己評価欲求の発生————朝ごはんの片付けを急いですることで，自己肯定できるようにしたい，という欲求が生まれた
自己評価の試み——————夫が手伝わないから遅くなったのだと考えることで，自己肯定しようと試みた

▶他者準拠型・対抗方式・消極的形態
○夫と食事をしている時のこと
　夫は「今日のおかず，これだけか？」と言った。
　私は＜しょうがないでしょう。給料日前なんだから。私なりに，やりくりしているのよ＞と思った。

既成の自己評価————————夫に否定されるかどうかで自己評価してきた
自己評価不安の出現————おかずが少ないと言われ，夫から否定されていると思い，自己評価不安を感じた
自己評価欲求の発生————言い訳することで，自己を否定しなくてすむようにしたい，という欲求が生まれた
自己評価の試み——————給料日前だから仕方がない，と考えることで，自己否定しなくてすむようにしようと試みた

　③他者準拠型における，代償方式の自己評価の試み
　準拠他者に肯定されてない，あるいは否定されていると感じて，基本方式や対抗方式で自己評価を守ろうとしても，守りきれない場合があります。すると，私たちは，その準拠他者から肯定されること，あるいは否定されない

ことを諦めざるを得なくなって，自己の価値を肯定する，あるいは，否定しない，別の他者を見つけ出して，その他者に準拠しようとします。

　代償方式の自己評価の試みも，積極的形態と消極的形態に分けられます。

　代償方式の積極的形態としては，自己を肯定する準拠他者に替えることによって，自己肯定しようと試みます。

　代償方式の消極的形態としては，自己を否定しない準拠他者に替えることによって，自己否定しなくてすむようにしようと試みます。

　基本方式と対抗方式の例で取り上げた，国語と算数の成績が悪かった子どもの例で説明してゆきましょう。

　はじめは，基本方式で，子どもは，母親の期待にそうことで，母親から肯定されるように努力します。しかし，どうしても母親の期待に適わないと，次に，対抗方式で，母親の価値を下げたり，自分の価値を上げたりして，自己評価を守ろうとします。それでも，自己評価を守れないと，その特定の母親以外の他者を準拠他者にしようと試みます。

　積極的形態としては，＜お父さんは，頑張っている僕のことを褒めてくれる。お母さんのことなんか，無視しよう＞というように，準拠他者を自分を肯定する他者に替えます。

　消極的形態としては，＜成績のことで，お母さんは怒ってばかりいる。友だちなら，僕のことをダメだなんて言わない。お母さんなんて，どうでもいいや＞というように，準拠他者を自分を否定しない他者に替えます。

　しかし，準拠他者を替えてみても，母親に認めてもらえなかったという自己評価不安はそのまま残ることがあります。そういう場合は，新しい準拠他者にも，母親に求めたことと同じことを求めがちになります。その代わりの準拠他者が友だちだとしたら，いつでも，その友だちに肯定されたい，否定されたくない，という欲求を持ちつづけることになります。友だちが自分の期待どおりにしないと，母親の時と同じように，また，失望を感じることに

なります。すると，次は異性の他者を準拠他者にする，というように，また新たな準拠他者を見つけなければならなくなります。他者準拠型の自己評価の試みをする人は，そのような生き方をして，次から次へ，同じことをくり返すことにもなりかねません。

　実例の記述では，先生を準拠他者にしている場合を取り上げます。

▶他者準拠型・代償方式・積極的形態
○運動会の練習で組体操をしていた時のこと
　　A先生は「もっと真っ直ぐに並ばないとダメだ！　キレイに見えないぞ」と言った。
　　僕は＜もっと上手にやれってか。この先生は，僕たちがどんなに頑張っているのか，分かってないんだ。B先生なら頑張っていることは認めてくれる。こんな言い方しないよ。B先生の時に頑張ろう＞と思った。
既成の自己評価―――――先生に肯定されるかどうかで，自己評価してきた
自己評価不安の出現―――頑張りを認めてくれないA先生の発言に，自分の努力が肯定されてないと感じて，自己評価不安を感じた
自己評価欲求の発生―――B先生から自分の努力を認められることで，自己肯定できるようにしたい，という欲求が生まれた
自己評価の試み――――――自分の努力を認めてくれないA先生から，認めてくれるB先生に，準拠他者を替えることで，自己肯定できるようにしようと試みた

▶他者準拠型・代償方式・消極的形態
○校則違反をして怒られた時のこと
　　A先生は「何をやっているんだ。退学になりたいのか！」と言った。

僕は＜A先生，頭にきちゃってる。だけど，僕だって，好きでやってるわけじゃない。やらないと仲間外れになっちゃうんだよ。そんなことも分からないのかな。この先生は。同じように怒るんでも，B先生なら事情は察してくれる＞と思った。

既成の自己評価―――――先生に否定されないかどうかで自己評価してきた
自己評価不安の出現―――A先生から校則違反で叱責されて，自分が否定されていると思い，自己評価不安を感じた。
自己評価欲求の発生―――B先生から事情を察してもらうことで，自己否定しなくてすむようにしたい，という欲求が生まれた
自己評価の試み――――――ただ怒るだけのA先生から，事情を察してくれるB先生に，準拠他者を替えることで，自己否定しなくてすむようにしようと試みた

④他者準拠型の自己形成がもっている問題点
　他者準拠型の自己形成は，私たちの自己形成の基本になるものですから，他の自己形成にはないさまざまな特質をもっています。

・準拠他者の人数
　私たちは，拠りどころとする他者から期待されることを行うことで，自分の価値を確認しようとします。通常，所属する集団が家庭であれば，幼児は，その集団のメンバーが評価している大人を拠りどころにします。幼児は，幼いなりに，自分が生きてゆくために必要不可欠な人物や，自分の価値を肯定する人物を準拠他者として選んでいます。
　準拠他者は，単一の場合もあれば，複数の場合もあります。"この人"という特定単独の他者から，"この人たち"という特定複数の他者を経て，"人びと"というような不特定多数の他者にまで至ります。

家庭であれば，母親，父親，祖父，祖母，というように，一人の人物を選んで，準拠他者とする場合もあれば，両親というように，二人の人物を準拠他者とする場合も，兄弟姉妹を含めて家族全員を準拠他者とする場合もあります。

　準拠他者が一人の場合は，子どもにとって，その人が自分を肯定しているのか，否定しているのか，ということが切実な関心事になります。このような場合は，その特定準拠他者の声の調子や顔色などから，その準拠他者の自分に対する評価を感じ取ります。準拠他者が単独他者である場合は，その子どもの自己形成の上で，その特定他者の影響は強まると言えるでしょう。長期間にわたって，特定単独の準拠他者が変わらなければ，さらにその影響力は強まります。そして，子どもの自己形成に決定的な意味をもつようになります。

　通常，現代日本の家庭状況では，この特定単独の準拠他者は，母親である場合が多い，と言えるでしょう。

　子どもの心が一番安定するのは，特定単独の準拠他者が自分を，いつでも，どこでも，受容していると感じられることです。子どもにとっては，準拠他者が複数であるよりも，一人であるほうが落ち着けるのです。子どもが小さければ小さいほど，特定の，ただ一人の大人を拠りどころにする，という経験が必要だと言えるでしょう。

　たとえば，乳幼児は人見知りをします。人見知りできるというのは，＜この人は自分にとって安心な人だ＞とか，＜この人は自分にとって見知らない人だ＞というような区別を人に対してつけられるようになることを意味しています。自分の拠りどころが誰であるかを見分けることができるようになってきた，ということです。

　今問題になっているのは，人見知りができない子が増えてきているということです。人見知りできないというのは，誰か特定の他者に愛着をもつこと

ができないことを意味しています。自分の愛着する人から語りかけられ，応じるようになって，双方向のコミュニケーションが始まります。

　準拠他者が複数になってくると，誰の評価を拠りどころにするのか，つまり，評価の主体が，やや不明確になってきます。複数特定他者の場合の例として，"両親"が拠りどころになった場合を見てみましょう。
　母親と父親の二人の価値概念（モノサシ）が一致している場合は，子どもは，そのモノサシをそのまま受けいれます。単独他者の場合より強いモノサシとなります。両親のモノサシが一致していて，両親ともが同じモノサシで子どもの行動を肯定したり，否定したりする場合には，そのモノサシは子どもの中に深く刷り込まれていきます。
　たとえば，ある子どもが，母親からだけではなく，父親からも「勉強ができない，ダメな子である」と評価されると，その子どもは，＜自分は勉強できない，ダメな子である＞と思い，ひそかに不安を感じるようになります。さらに，両親から「お兄ちゃん，お姉ちゃんは勉強できるのに，どうして，あなたはできないの」などと兄弟と比較されて否定的に評価されると，その子どもの自己評価不安は，いっそう強まります。そうすると，極端な場合，その子は，家の中に自分の居場所がないと感じるようになり＜トイレとお風呂と自分の部屋以外は，家にいられない＞ということになってしまいます。

　二人の準拠他者の価値概念が対立している場合，通常は，子どもは，より権威をもっていると思われる人の価値基準に従います。母親と父親の二人の価値概念が対立している場合はどうでしょうか。その場合，母親が上で父親が下である，または，父親が上で母親が下である，という力関係であれば，子どもは通常，自分が頼れる，より力をもっている方の親を選びます。父親と母親が，家の中でどちらが偉くて強いのかが，子どもなりに分かっているのです。

母親と父親が完全に対立している場合だと，子どもは，子どもなりに悩みます。子どもは，お母さんか，お父さんかを選択しなければならない，ということになるからです。父親を選んで，母親の機嫌をそこねるわけにもいかないし，母親を選んで，父親の機嫌をそこねるわけにもいかない，と悩むわけです。
　そうすると，子どもは，小さい時から，裏表を使い分けなければならないようになっていきます。すなわち，父親と一緒の時は，父親の気に入るようなことを言い，母親と一緒にいる時は，母親の気に入るようなことを言うようになります。

　準拠他者の人数が増えてきて，準拠他者同士の間に対立があると，子どもの不安感が深く強くなります。父親，母親，祖母，というように三者が争いあっている時，子どもは，ほんとうに困惑します。

• 深層の準拠他者
　通常は，特定化された単独の準拠他者は移行してゆきます。たとえば，母親から始まって，担任の先生，親友，恋人，というように変わっていきます。また，特定の単独他者から特定の複数他者へと，準拠他者が拡大してゆくこともあります。準拠他者が母親だけではなく，父親も入ってきて"親"になったり，担任の先生だけではなく，担任の先生や部活の先生も入ってきて，"先生（複数）"になったり，一人の親友だけではなく，何人かの友だちが入ってきて，"仲間"になったりします。
　子どもの時の準拠他者は，大人になっても，意識の深層において続いてゆきます。大人になって準拠他者が会社の上役や恋人や夫に変わっても，意識の奥底では，子どものころの準拠他者が存在しています。このような準拠他者を"深層の準拠他者"と呼ぶことができるでしょう。
　なお，子どもが準拠せざるを得ない他者——通常，母親であることが多い

──の欲求が，その時，その時によって，くるくると変わり，子どもに対する期待も，それとともにくるくると変わるような場合，子どもは，準拠他者の期待にそうことができなくなり，不安定になります。このように，準拠他者自身が不安定な場合，子どもの自己形成に大きなダメージを与えることになります。

基本的に，乳幼児期から青年期まで，"準拠他者は母親である"と言うことができるでしょう。つまり，成長とともに，次から次へと準拠他者が代わっていっても，"深層の準拠他者"として，"母親"が影響しつづけるのです。その深層の準拠他者の影響を，自覚的に克服してゆかないかぎり，いくつもの層の積み重ねの下から，その最深層の準拠他者が，表層の現在に顔を出してくるのです。

自分に自信ができてくると，特定の他者に準拠する必要はなくなります。しかし，特定他者との関係が十分に形成されていないと，母親代わりを求めるようになります。特定の先生や，特定の友だちなどに，自覚されないまま，母親に対する欲求が振り向けられるという形をとります。

- 準拠他者と欲求が食い違う時

親の価値概念と子どもの価値概念が異なり，親と子どもとが全く違うことを欲している，という場合があります。この場合も，親に対して子どもが対抗するという形になります。

親は良い成績を望み，子どもは親に褒められることを望んだ場合を取り上げてみましょう。たとえば，子どもが，国語も算数も70点をとってきたとします。その成績を見て，お母さんは，「やはり，国語は大事だから，もうちょっと頑張って勉強しなさい」と言いました。子どもは，お母さんの言うとおりに，頑張って国語の勉強をしました。その結果，次のテストでは，国語が100点で，算数が60点になりました。子どもは，＜お母さんは喜んでくれ

るはずだ＞と思います。

　でも，お母さんは，国語の100点より，算数の点の悪さが気に入りません。「算数がこんな点じゃぁねえ」「国語が100点とれるなら，算数だって，頑張って勉強すれば100点とれるでしょう」と言います。お母さんは無自覚で言っていることなのですが，子どもにしてみれば，＜全教科100点でなければ，自分はだめなんだ＞というふうに受け取ります。こうなると，どうしても親の欲求をかなえることはできません。子どものほうは，絶えざる危機の状態になります。つまり，準拠他者である母親の期待に一生懸命に適応しようとしても，母親から否定されることになるので，強い自己評価不安に陥るのです。

　ここから，対抗方式の自己評価の試みが始まります。子どもは，親に反抗して「うるせぇなー，くそばばぁ，えらそうにしやがって！」「いいかげんにしろよなぁ！」「てめえはどうなんだ！」などと，怒りの言葉を投げつけます。親の権力が強い場合，子どもは「うるせぇ！」と声に出して言えません。心の内に怒りが渦巻いたまま，表面では，「へいへい，わかりましたよ，やればいいんでしょ，やれば」という感じになります。

　このような対抗方式の態度をとらざるを得なくなるのは，子どもが親の価値概念を受けいれてしまっていることから起こります。子どもも，内心では，親と同じように＜勉強は，できないよりできるほうがよい＞　＜勉強はやらないより，やったほうがよい＞と思っているからです。しかし，そうは思っていても，＜勉強はしたくはないし，勉強しても，親の期待するようにはできないし＞という思いがあります。子どもは，非常に，苦しい立場になってしまうと言えるでしょう。

・準拠する者とされる者の関係

　他者を拠りどころとする以上，拠りどころとなる人と，拠りどころにする人との間には，ある種の上下関係が前提になっています。誰かが上の人と見

なされ，誰かが下の人と見なされます。誰が上に立つ人で，誰が下に立つ人であるかは，さまざまな条件によります。年齢や性別というような自然的条件，地位や役割というような社会的条件，知識や教養というような文化的条件などによって決まってきます。

　しかし，現代では，固定的な上下関係が崩れてきています。

　自然的条件について言えば，ふつう，子どもが大人を拠りどころとします。けれども，時には，この関係が逆転することも起こります。親が子どもに経済的にも，精神的にも依存する，ということが起こります。たとえば，母親が何か苦しいことがあると，子どもに訴える，というようにです。そんな場合，子どもにとっては，その母親の存在は，精神的負担になってゆきます。

　社会的条件についても同様です。ふつう，部下が上司を拠りどころとします。けれども，上司が部下を拠りどころとすることも起こります。

　文化的条件についても同様です。ふつう，学生が教授を拠りどころとします。けれども，教授が学生を拠りどころとすることも起こります。

- 準拠他者の無自覚的価値概念

　親が子どもを"良い子だ"とか，"悪い子だ"とか，評価する以上は，そこには必ず親の価値基準が存在しています。子どもにとって，親から評価されるということは，毎日の生活の中のことですから，知らない間に影響が及ぼされていきます。親の価値概念によって，子どもの関心事が決定する，というふうに言ってもよいでしょう。親の価値概念は，直接的，間接的に子どもの自己形成に影響を与えます。

　親が自分の価値概念をしっかりと自覚し，それに従って生きようと努力していないと，その時その時の気分で子どもを評価することになります。親が子どもに対して距離をもち，子どもをよく見て，子どもとの関係から，子どもを叱るのであれば，問題はありません。けれども，気分で叱るというのは，

その時その時の，自分の感情や欲求に，深く関係しています。自分の中に生じてくる衝動に駆られて叱るのです。

　一例をあげましょう。

　ある母親が＜昨日，夫が帰ってこなかった＞と落ち着かない思いでいます。その翌日，子どもが約束の時間より5分遅く帰ってきました。前の日は10分遅く帰ってきても叱らなかったのに，母親はイライラして「なんで早く帰ってこないの！　塾に遅れるでしょ!!」と叱ります。子どもの立場に立つと，お母さんから，昨日10分遅れたことは叱られないで，今日5分遅れたことで叱られる，ということになります。

　本当は，母親は，"夫が昨日帰らなかった"ことに不安を覚え，夫に対する怒りを，子どもにぶつけているのです。子どもにしてみれば，理由がわかりません。母親から叱られるわけがわからないので，とても不安になります。これから先，どうしていいか分からなくなるからです。その時その時の親の気分で叱られるという場合，いつ，どこで，どういうことに対して，どういう評価が下されるのか，子どもにとって見当がつかなくなります。

　大人の世界では，親自身は，自分の感情をそのまま出してはいけない，と思っています。自分の感情をそのまま出すと，自分が嫌われると思っているからです。しかし，親は，子どもに対して，＜育ててやっているんだから，子どもが自分を嫌うはずがない＞という暗黙の絶対的な自信をもっています。ですから，大人の世界では出せない自分の感情を，親は子どもには，平気でそのままぶつけていると言えるでしょう。

　私たち日本人の親のほとんどは，自分の価値概念に気づいていないため，自分の価値概念に明晰な表現を与えていないことが多い，と言えます。親は，自分の価値概念を意識しないで，無自覚的に子どもを叱っているのです。すると，"しつけ"としての安定性がないので，子どもは，落ち着かない気持ちでいっぱいになります。それでは，少なくとも教育とは言えません。教育する者は，自分の行為が，教育を受ける者に，どのような影響を与えるのか

という見通しをもっていなければなりません。

・二重の価値基準（ダブル・スタンダード）
　親の本音と建前がくい違っている場合も，子どもを不安に陥れます。
　たとえば，親は子どもに対して，とても優しく振る舞うのですが，心の奥底では，その子どもを憎んでいる，という場合です。子どもに対する憎しみを，まわりの人たちに悟られると，自分が非難される恐れがあります。ですから，表面上は，子どもに対して，きわめて優しい振る舞いをします。しかし，根底には，子どもに対するマイナス感情が潜んでいます。それは，声の調子や顔の表情ににじみ出てきます。
　母親自身は＜本当は，この子はいらなかった＞　＜産みたくなかったのに産まされた＞というような思いを抱いていたとします。けれども，子どもを育てないと姑や夫からの自分の評価を失う怖れがあります。ですから，仕方なく子育てをします。そうなると，母親自身が，いつも，自分自身の中に葛藤を抱えていることになります。その自分の葛藤が自覚されていない場合，母親らしい格好をとることが，暗黙の目標になります。母親として，真に＜子どもがかわいい＞　＜子どもがいとしい＞と思っているわけではないのです。母親自身の自己評価を守るために，義務感で育てているのです。

　親が子どもに対して，表面上は肯定的な振る舞いをしているのに，その奥で否定的な思いを強く抱いていると，子どもは，人が信じられないまま自己形成してゆきます。そうすると，相手が肯定的な態度を取ったとしても，子どもは＜そんなの，うそでしょう＞と受け取るようになっていきます。
　その他にも，いろいろな例をあげることができます。
　母親が子どもを自分自身の欲求を満たすための手段としてだけ見ている場合もあります。子どもは，そのような母親を，うすうす感じ取ります。日本の母親は，多かれ少なかれ，子どもを自分の存在価値を評価するための手段

として利用しています。言いかえると，日本の母親にとって，子どものでき具合が自己評価の根拠となっているのです。

• 存在受容から生まれる安心感

　乳児期と幼児期の最大の課題は，安心感の獲得です。家族の中で，自分の存在が受容されている，という安心感です。子どもにとっての準拠他者は，育ての親になります。通常，それは，深いつながりをもつ母親である，ということになります。自分が泣けば，お母さんが，いつでも来てくれて，おしめを取り替えてくれる，お乳を与えてくれる，笑顔であやしてくれる，そういう信頼関係から，子どものうちに安心感が生まれてきます。

　その安心感の土台の上に，多少の不安が生じることは，子どもの自己形成にとって，さしつかえがありません。たとえば，「いない，いない，ばあ」という遊びは，赤ちゃんがもっとも喜ぶ遊びのひとつです。「いない，いない」と言って，大人の顔が見えなくなると，赤ちゃんは，不安になります。けれども，赤ちゃんは，大人が本当にいなくなるとは思っていません。大人の顔が一時的に隠れただけで，再び，「ばあ」と出てくる，と信じられているからです。それでも，赤ちゃんは，ちょっと不安になります。その"ちょっと不安"が大事なのです。親の根本的な受容の中で，子どもに対して，評価を加えて"しつけ"をすることは，何らさしつかえないのです。

　子どもが社会的モノサシに合わないことをした時には，大人は叱ります。その反対に，子どもが社会的モノサシに合うことをした時には，大人は褒めます。しかし，大人が叱る時でも，褒める時でも，同時に，子どもに対して，"きみの存在を認めているよ"というメッセージを伝えることが大切です。できることなら，大人は子どもに対して，なぜ，ある振る舞いをすることが良くて，なぜ，ある振る舞いをすることが良くないのかを，やさしく言ってきかせる必要があります。今，流行の言葉を使うなら，大人は，子ども

に対して，"説明責任"を負っているのです。

　いずれにせよ，自己形成史上，乳幼児期の子どもにとって，安心感をもたせることが，きわめて重要です。安心感を獲得できないまま成長すると，子どもは，その後遺症をひきずることになります。普通，安心感は，意識されません。安心感というものは，とりたてて考えるものではないからです。不安になった時だけ，安心感というものが問題になってきます。その不安は，深い層に潜んでいて，子どもが大人になってからも，他者との関わりに影を落としてゆきます。通常は，不安であることに気づくこと自体が，不安をひき起こします。それゆえ，子どもは，不安をうすうす感じていても，不安を覆い隠します。したがって，乳幼児期の子どもの不安感という問題は，隠されてしまいます。

　乳幼児期は，自己形成をしてゆく最初の土台になります。この土台の上に，いろいろなものが形成されてゆきます。この土台自体がゆらぐと，その土台の上に建物を建てにくくなるのです。

2．他者模倣型の自己評価の試みとは？

　"他者準拠型の自己評価の試み"は，自己形成の出発点です。そして，準拠他者との関わりの中から，＜あの人と同じになりたい＞　＜みんなと同じになりたい＞という欲求が生じてきます。この欲求は，自分が評価した人の真似をするという形をとります。

　真似をしたい他者を，"模倣他者"と呼ぶことにしましょう。

　他者模倣型の自己評価の試みは，次のように定義することができます。
　　『私たちが，ある集団のなかで，ある他者を選び，その他者を模倣することによって，自分の存在価値を評価する試み』であると——。

第3章　社会的自己形成の三類型

　他者模倣型の自己評価の試みは，基本方式，対抗方式，代償方式という三つの方式に分けることができます。

　①他者模倣型における，基本方式の自己評価の試み
　私たちは，最初，他者準拠型の自己形成をします。そこで，準拠他者から十分認められていると感じると，準拠他者の評価を求めなくなります。すると，"他者準拠型の自己評価の試み"から，次のステップである"他者模倣型の自己評価の試み"に移ってゆきます。
　他者模倣型の基本方式には，積極的形態と消極的形態があります。
　基本方式の積極的形態としては，模倣他者と同じであることによって，自分の存在価値を肯定できるようにしようとします。派生方式の消極的形態としては，模倣他者と異ならないことによって，自分の存在価値を否定しなくてすむようにしようとします。

　たとえば，アルバイト先のファーストフード店で，＜明るく機敏に振る舞っているマネージャーのようになりたい＞と思ったとします。模倣他者は"マネージャー"で，価値基準は"明るく機敏に振る舞うこと"になります。
　積極的形態としては，＜マネージャーのように明るく機敏に振る舞おう＞と，マネージャーに近づきたいと思います。消極的形態としては，マネージャーがやっていることと違わないように，＜暗くならずにダラダラしないように，振る舞おう＞と思います。

　記述の実例では，かっこよくバレエを踊るC子ちゃんを模倣他者にしている小学生を取り上げてみましょう。

▶他者模倣型・基本方式・積極的形態
○C子ちゃんの発表会を見た時のこと

C子ちゃんは，白鳥の役を踊っていた。
　私は＜C子ちゃん，かっこいいなあ。私も練習すれば，あんなふうに踊れるようになるのかな。もっと，もっと，練習しよう＞と思った。

既成の自己評価――――C子ちゃんに類似しているかどうかで自己評価していた
自己評価不安の出現――自分はC子ちゃんのようにかっこよく踊れないので，C子ちゃんと同じでないと思い，自分を肯定できなくなり，自己評価不安を感じた
自己評価欲求の発生――C子ちゃんと同じように，かっこよく踊れることで，自己肯定できるようにしたい，という欲求が生まれた
自己評価の試み――――もっと，練習をすることで，自己肯定しようと試みた

▶他者模倣型・基本方式・消極的形態
○C子ちゃんと一緒に練習をしていた時のこと
　C子ちゃんはポーズをとった。
　私は＜うわー，かわいい。どうして，あんなにかっこいいポーズがとれるんだろう。私には，とうてい，同じようにはできないよ。かっこわるくならないように，ポーズの練習をしなくちゃあ＞と思った。

既成の自己評価――――C子ちゃんと異なっていないかどうかで，自己評価していた
自己評価不安の発生――C子ちゃんと異なっていると感じ，自分を否定せざるをえなくなって，自己評価不安を感じた
自己評価欲求の発生――C子ちゃんと異ならないようにすることで，自己否定しなくてすむようにしたい，という欲求が生じた

自己評価の試み──────ポーズの練習をすることで，自己否定しなくてすむようにしようと試みた

②他者模倣型における，対抗方式の自己評価の試み

　模倣他者と同じになることで自己評価を試みた時，自分が模倣他者と同じである，あるいは，異なっていない，と思うことができれば，自分の存在価値を肯定する，あるいは，否定しなくてすむことができます。しかし，一生懸命に同じになろうとしても，模倣他者と同じでない，あるいは異なっていると気づくと，自己評価不安に陥ります。自己評価不安が強まると，模倣他者から価値を奪ったり，自分に価値を与えたりすることによって自分の存在価値を守ろうとする試みに移ります。

　対抗方式の自己評価の試みも，積極的形態と消極的形態に分けられます。

　対抗方式の積極的形態で，何らかの理由をつけて自分に対する模倣他者の価値を引き下げることによって，自分の存在価値を肯定できるようにしようとします。派生方式の消極的形態では，何らかの理由をつけて，模倣他者に対する自分の価値を引き上げることによって，自分の存在価値を否定しなくてすむようにしようとします。

　基本方式と同じく，アルバイト先のファーストフード店で＜明るく機敏に振る舞っているマネージャーのようになりたい＞と思って，真似していたとします。しかし，＜あのマネージャーのようには，自分はなれないのではないか＞という思いを抱いて，自己評価不安に陥ります。

　積極的形態としては，＜あのマネージャーは上司に気に入られているから，マネージャーになれたんだ。マネージャー自身の実力ではないんだ＞とマネージャーのネウチを引き下げて，自分の存在価値を防衛しようとします。

　消極的形態としては，＜あのマネージャーは，アルバイトを長くやっているから，あんなに機敏に動けるんだ。私はまだそんなにアルバイトをしてい

ないから，うまくいかなくて当然なんだ＞と，自分のネウチを引き上げて，自分の存在価値を防衛しようとします。

　記述の実例では，友だちが多いDさんを模倣他者にしている人を取り上げます。

▶他者模倣型・対抗方式・積極的形態
○友だちと立ち話をしているDさんを見た時のこと
　　Dさんは3人の友だちと話していた。
　　私は＜Dさんは，いつも友だちとしゃべっている。私と違って，友だちが
　　　　多いんだな。でも，Dさんも Dさんの友だちも，チャラチャラして
　　　　浮わついている＞と思った。
既成の自己評価─────Dさんと同じであるかどうかで，自己評価していた
自己評価不安の出現───Dさんと同じでないと思い，自分を肯定できなくなり，自己評価不安に陥った
自己評価欲求の発生───自分を肯定できるようにしよう，という欲求が生じた
自己評価の試み─────Dさんのネウチを引き下げて，自己肯定できるようにしようと試みた

▶他者模倣型・対抗方式・消極的形態
○Dさんが友だちに借りたノートを持っていた時のこと
　Dさんは友だちのノートを3冊もっていた。
　　私は＜3人もノートを貸してくれる友だちがいるんだ。私は友だちが少な
　　　　いから，きっと，ノートなんて借りられない。でも私は真面目に出
　　　　席しているから，ノートを貸してくれる友だちなんて必要ないわ＞

と思った。

既成の自己評価————Dさんと異なっているかどうかで，自己評価して
　　　　　　　　　　いた
自己評価不安の出現———Dさんと異なっていると思い，自分を否定せざる
　　　　　　　　　　を得なくなり，自己評価不安を感じた
自己評価欲求の発生———自己を否定しなくてすむようにしよう，という欲
　　　　　　　　　　求が生まれた
自己評価の試み————自分のネウチを引き上げることで，自己否定しな
　　　　　　　　　　くてすむようにしようと試みた

　③他者模倣型における，代償方式の自己評価の試み
　基本方式であれ，対抗方式であれ，自分の存在価値を守ろうとして，守ることができないと感じると，私たちは自己評価不安に陥ります。そして，＜自分はあの模倣他者と同じにはなれないんだ＞と自分で認めたとき，最後の試みとして，その模倣他者の代償として，別の模倣他者に変更することによって，自分の存在価値を守ろうとします。
　代償方式の自己評価の試みは，積極的形態と消極的形態に分けられます。
　代償方式の積極的形態としては，模倣他者を，自分が同じになれる別の模倣他者に替えることによって，自分の存在価値を肯定できるようにしようと試みます。代償方式の消極的形態としては，模倣他者を，自分が異ならなくてすませうる別の模倣他者に替えることによって，自分の存在価値を否定しなくてすむようにしようと試みます。

　基本方式，対抗方式と同じく，アルバイト先のファーストフード店で，＜明るく機敏に振る舞っているマネージャーのようになりたい＞と思って真似をしていたとします。しかし，あのマネージャーのようには，とうてい，なれないんだと思い，自己評価不安に陥ります。

積極的形態としては、＜あのマネージャーなんかより、私より一年先輩のEさんのほうが私に親切にしてくれた。あのEさんのように、後輩に親切に教えられる先輩になろう＞と、模倣他者を、マネージャーから、同じようになれそうなE先輩に変更することで、自分の存在価値を守ろうとします。

消極的形態としては、＜Fさんは仕事でミスをしない人だ。Fさんのように自分の担当ではミスを起こさないような人になろう＞と、模倣他者を、マネージャーから、自分とはあまり異ならないですませうるFさんに変更することで、自分の存在価値を守ろうとします。

具体的な記述の例をあげましょう。優秀な子どもを持つ兄嫁さんを模倣他者にした場合です。

▶他者模倣型・代償方式・積極的形態
〇甥っ子が東大に入ったという電話を受けた時のこと
　兄嫁は「おかげさまで、受かりました」と言った。
　　私は＜へーっ、東大に受かったんだ。お義姉さんは子どもをみんな一流大
　　学にいれている。それにひきかえ、我が家の子どもたちときたら。
　　でも、私の母は、子どもが優秀でなくても、幸せだって言っている。
　　私も、母のように幸せに暮らせる方がいいわ＞と思った。
既成の自己評価―――――兄嫁と同じであるかどうかで、自己評価していた
自己評価不安の出現―――兄嫁と同じでないと思い、自分を肯定できなくな
　　　　　　　　　　　　り、自己評価不安を感じた
自己評価欲求の発生―――自分を肯定できるようにしたい、という欲求が生
　　　　　　　　　　　　まれた
自己評価の試み―――――模倣他者を兄嫁から母に替えることで、自己肯定
　　　　　　　　　　　　できるようにしようとした

▶他者模倣型・代償方式・消極的形態
〇お正月に兄弟が集まった時のこと
　長兄は「事業が成功したので家を建て直そうと考えているんだ」と言った。私は＜お兄さんの事業，うまくいってるんだ。オレの方は，お兄さんのようにうまくまわっていない。でも，弟は，まあまあ，それなりにやっている。オレも弟と同じで，どうにかやれている。ムリすることはないか＞と思った。

既成の自己評価――――――兄と異なっていないかどうかで自己評価していた
自己評価不安の出現―――――兄とは異なっている，と思い，自分を否定せざるを得なくなり，自己評価不安を感じた
自己評価欲求の発生―――――自己否定しなくてすむようにしたい，という欲求が生まれた
自己評価の試み――――――模倣他者を兄から弟に替えることで，自己否定しなくてすむようにしようとした

④日本の社会で，他者模倣型の自己形成は，どんな意味をもっているのだろうか？
　・他者準拠型から他者模倣型へ移行する
　"模倣"は，子どもの自己形成の大きな要因になっています。
　乳幼児期には，準拠他者である親の期待が，無自覚的に子どもの中に取り込まれて，子ども自身の価値概念（モノサシ）になってゆきます。その頃の子どもは，まだ自分なりの価値概念をもっていないからです。
　やがて成長とともに，子どもなりの価値概念が生まれてきます。自分なりの価値概念にもとづいて，自分にないものをもっている他の子を見ると＜あいつ，かっこいいじゃん＞と感じます。そして，＜その子と同じようになりたい＞と思うようになります。
　小学生レベルでは，成績の良い子や，スポーツができる子など，先生から認められている優等生が模倣の対象になります。中学生レベルになると，逆

に，先生から認められていない子や先生の言うことをきかない子など，いわゆるクラスからはみ出ている子どもに関心をもったりもします。そして，＜かっこいいなぁ＞と思う子の態度や服装を真似るようになります。

他者準拠型の場合は，相手の評価に全面的に依存します。それに対して，他者模倣型の場合になると，特定の社会集団の中で，たとえば，学級や部活で，自分が所属している集団のメンバーから認められている人のやり方を，自覚的に真似することによって，自分の存在価値を確認しようとします。自分が評価した人の真似をするわけですから，やや主体性が芽生えてきていると言ってよいでしょう。

- 他者模倣型の自己評価の試みには，無自覚的模倣と自覚的模倣がある

"他者模倣型の自己評価の試み"には，無自覚的な模倣と，自覚的な模倣による自己評価の試みがあります。乳幼児期の小さな子どもは，わまりの人の話す言葉を聞いたり，振る舞いを見たりして，無自覚的に真似をしてゆきます。

たとえば，お父さんやお母さんが話している言葉づかいや，お箸やお茶碗の持ち方などをマネします。子どもが親の振る舞いを取り入れて身に付けてゆくことで，結果的に日本人の行動様式が，ひいては，日本の文化が継承されてゆくのです。

家庭では，男の子ならお父さんのやるとおり，女の子ならお母さんのやるとおりに真似をします。子どもは無自覚的に，＜大人は自分より価値がある＞と思っているからです。親の話し方も，子どもはそのまま真似します。それは，"おままごと"をしている子どもたちを見るとよく分かります。ふだん，お父さんがお母さんに「おい，でかけるぞ」と言っていたとすると，おままごとのお父さん役の男の子は，お母さん役の女の子に「おい，でかけるぞ」と言うでしょう。

第3章　社会的自己形成の三類型

• 無自覚的模倣には，問題がある

　無自覚的な模倣は，自己形成の過程で大変重要な意味をもっています。

　たとえば，小さい頃から母親に否定されつづけてきた，と思っている娘が，＜私は母のようには，絶対になるまい＞と決心したとします。娘にとって，母親は，意識の上では，あきらかに模倣の対象者ではないと言ってよいでしょう。けれども，娘が子育てをするようになると，自分の母親と同じように振る舞ってしまう，ということが，しばしば起こります。自分では＜母親のようにはなりたくない＞と思っていたはずなのに，自分の母親と同じ調子で，わが子を叱ったりするのです。母親の振る舞い方が，無自覚的にインプリントされてしまい（すりこまれてしまい），その他のやり方が出てこないのです。

　このことは特別な例ではありません。私たちの行動の多くは，無自覚的模倣から来ているのです。

• 他者模倣の仕方には，外面的模倣と内面的模倣がある

《外面的模倣》

　模倣の仕方は，外面的模倣と内面的模倣の二つに分けられます。通常は，外面的模倣から，内面的模倣へと変化してゆきます。外面的模倣とは，模倣他者の言っていること，していることをそのまま真似ることです。つまり，その行動の意味を考えることなく，相手（模倣他者）の行動の仕方を真似るのです。

　男の子なら父親の，女の子なら母親の言い方や振る舞い方を真似します。たとえば，男の子なら，父親をまねて，「オレがしたんだ」というように，男言葉を使い，女の子なら，母親をまねて，「わたしがしたわ」というように，女言葉を使います。また，母親とそっくりの仕草や言い方で，上のお姉ちゃんが，下の弟や妹を叱ります。小学校低学年ぐらいまでの子どもたちは，よく，テレビで放映されているヒーローの変身ポーズの真似をします。

いずれも、相手の行動をそのまま真似ているだけです。

ほかの人の持っているものを自分も持ちたい、と思うのも、外面的模倣の典型的な例です。下の子どもは、上のお兄ちゃんやお姉ちゃんが持っている物をとても欲しがります。父親や母親に「買って買って」とおねだりします。年下の子の目には、年上の子が持っているものは、全てネウチがあるように思えるのです。

また、流行遅れになりたくないため、＜みんなが着ているような服を着たい＞とか、＜みんなが持っているような物を持ちたい＞とか思うのも、外面的な模倣の一例です。＜みんなと同じでありたい＞と思い、塾に行ったり、私立中学校の受験をしたりするのも、外面的模倣に入るでしょう。

このように、最初は、外面的模倣から入ります。

《内面的模倣》

そのうち、みんなと同じようになりたい、ということではなく、ある特定の人を選んで、この人のようになりたい、と思うようになります。自分で模倣他者を自覚的に選択するのです。たとえば、テレビに出るタレントになりたい、というような漠然とした思いではなく、＜誰々さんのように、自分の意見をもっていて、きちんとものを言える歌手になりたい＞というように、自分の価値概念に照らしあわせて真似をするようになります。模倣他者の全てを模倣するのではなく、その人のある部分を、意識的に選択して模倣するのです。

模倣他者の外面を真似するということ自体は、悪いことではありません。外面的模倣から入って、模倣他者の行動の奥にある心を感じとって、行動してゆくことが重要なのです。それには、模倣他者の振る舞いが、内面の、どういう価値意識から来ているかを理解することが不可欠になります。本当にその価値観をつかむことができれば、深い自覚をもって、自分なりに再構築してゆくこともできるようになります。

芸術の世界では，弟子は，はじめ，師匠の型を受けいれ，そのとおりに真似てゆきます。"まなぶ"ことは，"まねる"ことから始まります。やがて，その型の奥にある心にふれて，型の意味を悟ることができます。すると，習った型を超えて，新しい型をつくり出すこともできるようになります。芸術の世界では，このことを，「型から入り，型から出る」と言っています。
　模倣することから，その人独自の創造性が生まれてきます。つまり，模倣を出発点として模倣を超える，ということになります。

- 日本は，模倣大国である

　国家レベルで見ると，日本は模倣大国です。
　明治維新以来，"西洋化"の名のもとに，欧米の文化を模倣してきました。欧米文化の輸入の問題点は，日本人が西洋人の外面的模倣に終始してきたという点にあります。つまり，外面的模倣はしても，欧米文化の内面的理解が伴っていない，ということです。ある文化を生み出した精神を理解せずに模倣してきたのです。このことを猿真似と言います。明治初期の文明開化において，日本人は，洋装をして，鹿鳴館でダンスをすることが西洋化であると考えました。
　外国文化を取り入れる問題や，自国文化を受け継ぐ問題は，模倣ということを抜きにして考えることはできません。両方とも，はじめは模倣から入り，その文化を生み出した精神が共感をもって理解されて，はじめて，その文化が本当に摂取された，あるいは継承されたと言うことができるでしょう。
　修行を積んで，人格者となった親の子どもが，親のような人格者になる，という保証はありません。遺伝的要因は，身体の次元を規定しても，精神の次元を規定することはないからです。子どもは，ゼロから出発して自分の自己形成をはじめなければならないのです。たしかに良い生育状況にあれば，その分だけ，より良い自己形成をする機会に恵まれている，と言ってもよいでしょう。

しかし，私たち人間は，内側の遺伝や外側の環境に完全に縛られてはいないのです。遺伝や環境を超えて，新しい自己形成をすることができるのです。誰でもがゼロから出発して，自分で自分を築いてゆくことができるのです。セルフ・カウンセリングをすることは，新しい自己形成の可能性を与えます。

　日本人は，無意識的な模倣が多いと言ってよいでしょう。
　日本人は，集団（みんな）の行動に同調する傾向があり，"みんな"と違うことをすることに，不安を感じます。この不安から，日本人のうちには，＜みんなと同じようにしたい＞という欲求が生まれてきます。反対に，大多数を占める"みんな"のほうも，一人だけ違うことをしている人がいると，落ち着かなくなります。そうすると，＜なんとか，はみだし者を自分たちと同じにさせたい＞と思うのです。
　言いかえると，集団の全員が，同じことをすることで，自己評価不安に陥らないですむようにしている，と言ってもよいでしょう。みんなと違う行動をとっている人には，集団の圧力がかかります。かつては，村八分という慣習が，集団的圧力として働いて，日本の農村社会の秩序を保つ働きをしていました。今でも，日本人は，派閥をつくって，足並みをそろえて行動することが得意です。"赤信号，みんなで渡れば恐くない"のです。

3．他者競争型の自己評価の試みとは？

　他者模倣型の欲求＜みんなと同じになりたい＞　＜あの人と同じになりたい＞という段階から，さらに，一歩前進すると，＜他の人よりも上にあがりたい＞とか，＜他の人よりも下に落ちたくない＞という欲求に変化します。つまり，他者と張り合う意識が芽生えてきます。
　その張り合う他者を"競争他者"と呼ぶことにしましょう。

　他者競争型の自己評価の試みは，次のように定義することができます。

『私たちが，ある集団の中で特定の他者を選び，その他者と競争することによって，自分の存在価値を評価する試み』であると——。

他者競争型の自己評価の試みは，基本方式，対抗方式，代償方式という三つの方式に分けることができます。

①他者競争型における，基本方式の自己評価の試み
　他者競争型の自己評価への転換期は，通常，中学生時代頃であると言ってよいでしょう。乳幼児期からの＜この人から認められたい＞という他者準拠型の自己評価の試みは，自己形成の土台となって，成長してからも続いていきます。その上に，小学生時代頃に＜みんなと同じになりたい＞という他者模倣型の自己評価の試みが重なります。さらに中学生時代頃から＜上に立ちたい＞という他者競争型の自己評価の試みに変化していきます。
　この変化は，自意識の発達に深い関連があります。つまり中学生ぐらいになると，"自分"という存在の価値が問題になってくるのです。自意識の発達の他にも，受験も関係してきます。学校や塾の先生や親たちが，子どもを煽り立てることで，より一層，競争意識が強められます。

　他者競争型の基本方式の自己評価の試みも，積極的形態と消極的形態に分けることができます。
　基本方式の積極的形態では，競争他者より優れることによって，自分の存在価値を肯定できるようにしようとします。順応方式の消極的形態では，競争他者より劣らないことによって，自分の存在価値を否定しなくてすむようにしようとします。

　中学三年生の兄と，年子で生まれた中学二年生の弟の場合を例にとって見てみましょう。＜兄より勉強ができるようになりたい＞と思っていた弟は，

自分と兄の成績表を見比べました。五段階評価の最上級の5を多く取っていたのは兄の方でした。弟は自己評価不安に陥りました。

　積極的形態としては，＜もっと頑張って勉強して，二学期には主要四教科をすべて5にしなくては＞と思います。消極的形態としては＜主要四教科をすべて5にするのは難しい。音楽と美術と体育が5になれば，5の数はお兄ちゃんと変わらない。なんとか，これらを5にしなければ＞と思います。

　具体的な記述の例では，フルートのグループレッスンを受けている人を取り上げてみましょう。

▶他者競争型・基本方式・積極的形態
○レッスンを受けている時のこと
　Gさんは曲を吹き終えた。
　私は＜Gさん，この曲，完璧に吹けるようになったんだ。もしかしたら，次の曲に進むかもしれない。追いつかれると困るから，私も頑張らなくちゃ＞と思った。
既成の自己評価―――――Gさんよりも優れているかどうかで自己評価していた
自己評価不安の出現―――Gさんより優れていないと感じて，自己肯定できなくなり，自己評価不安を感じた
自己評価欲求の発生―――自己肯定できるようにしたい，という欲求が生じた
自己評価の試み―――――Gさんより優れることで，自己肯定できるようにしようとした

▶他者競争型・基本方式・消極的形態
○レッスンを終えた時のこと

Hさんは譜面をバッグの中に入れながら「私，今度，新しい曲にしてもいいって，先生に言われたんだ」と言った。
　私は＜えっ！　先に進んじゃうの？　私は，まだ，言われてないから，今の曲を練習しなくちゃならない。置いていかれるのは嫌だよ。この次は，今の曲，完璧に吹けるようにしてこなくっちゃ＞と思った。

既成の自己評価―――――Hさんより劣るかどうかで，自己評価していた

自己評価不安の出現―――Hさんより劣っていると感じて，自分を否定せざるを得なくなり，自己評価不安を感じた

自己評価欲求の発生―――自己否定しなくてすむようにしたい，という欲求が生まれた

自己評価の試み――――――Hさんより劣らないことで，自己否定しなくてすむようにしようとした

②他者競争型における，対抗方式の自己評価の試み

　他者との競争による自己評価の試みをしたとき，競争他者より優れれば，あるいは，劣らなければ，落ち着いていられます。つまり，自分の存在価値を保つことができるのです。しかし，頑張って努力しても，競争他者より優れることができないと思ったとき，自己評価不安に陥ります。

　自己評価不安が強まると，競争他者より優れる，あるいは，劣らないことによる自己評価の試みから，競争他者の価値を引き下げたり，自分の価値を引き上げたりすることによって，自分の存在価値を防衛しようと試みるようになります。

　対抗方式の自己評価の試みは，積極的形態と消極的形態に分けられます。
　対抗方式の積極的形態では，自分に対する競争他者の価値を引き下げることによって，自分の存在価値を肯定できるようにしようとします。対抗方式の消極的形態では，競争他者に対する自分の価値を引き上げることによって，

自分の存在価値を否定しなくてすむようにしようとします。

　基本方式と同じく，中学三年生の兄と，年子で生まれた中学二年生の弟の例を取り上げてみましょう。

　兄より勉強ができるようになりたい，と思っている弟は，自分なりに努力して勉強しました。しかし二学期の成績も兄のほうが上でした。弟は，さらに強い自己評価不安に陥りました。

　積極的形態としては，＜お兄ちゃんなんか部活にも入らないで勉強ばかりしている。お兄ちゃんだって，オレのように部活をやっていれば，成績はオレと変わらないはずだ＞というように，兄の価値を引き下げることで自分の存在価値を守ろうとします。

　消極的形態としては，＜オレだって親がお兄ちゃんのように家庭教師をつけてくれれば負けないのに＞というように，自分の価値を引き上げることで自分の存在価値を守ろうとします。

　記述の実例では，H君と大学のランクを競っている予備校生を取り上げます。

▶他者競争型・対抗方式・積極的形態
○成績一覧表が張り出された時のこと
　　H君の成績が45位に載っていた。
　　僕は＜えっ，H君45位に上がってる！　これは，まぐれだよ。あいつの元々の実力じゃないに決まってる。それともカンニングでもしたのかな＞と思った。
既成の自己評価――――H君より優れているかどうかで，自己評価していた。
自己評価不安の出現―――H君より優れていないと感じて，自分を肯定でき

なくなり，自己評価不安を感じた
自己評価欲求の発生―――自己肯定できるようにしたい，という欲求が生じた
自己評価の試み―――H君の価値を引き下げることで，自己肯定できるようにした

▶他者競争型・対抗方式・消極的形態
〇仲間と成績の話になった時のこと
　H君は「オレ，今度の模試，10番も上がっちゃった。先生に△大学を狙えって言われたよ」と言った。
　僕は＜えーっ！　そんなに上がったのかー。ぼくと，実力に差はないはずなんだけどなあ。H君には，優秀な家庭教師が何人もついているけど，ぼくは独学だからな＞と思った。
既成の自己評価―――H君より劣っているかどうかで，自己評価していた
自己評価不安の出現―――H君より劣っていると感じて，自己否定せざるを得なくなり，自己評価不安を感じた
自己評価欲求の発生―――自己否定しなくてすむようにしたい，という欲求が生まれた
自己評価の試み―――H君に対する自己の価値を引き上げて，自己否定しなくてすむようにした

　③他者競争型における，代償方式の自己評価の試み
　基本方式で自己評価できないと，対抗方式に移って自己評価しようとします。しかし，自分はどうやっても競争他者より劣る，と認めざるをえなくなると，その競争他者の代償として，他の競争他者に変更することによって，自己評価を防衛しようとする試みに移ります。

代償方式の自己評価の試みは，積極的形態と消極的形態に分けられます。
　代償方式の積極的形態では，競争他者を，自分より優れないほかの競争他者に変更することによって，自分の存在価値を肯定できるようにしようとします。代償方式の消極的形態では，競争他者を自分より劣る，他の競争他者に変更することによって自分の存在価値を否定しなくてすむようにしようとします。

　基本方式，対抗方式と同じく，中学三年生の兄と，年子で生まれた中学二年生の弟の例で見ていきましょう。
　＜兄より勉強ができるようになりたい＞と思っている弟は，弟なりに頑張っても兄の成績を越えることができないということが分かりました。
　積極的形態としては，＜お兄ちゃんには勝てないけれど，オレだって部活の仲間の二年生の中ではトップの成績なのだ＞と，自分より優れている兄から，自分より優れていない部活の仲間に競争他者を変更することで，自分の存在価値を守ろうとします。
　消極的形態としては，＜お兄ちゃんには負けるけど，一緒に塾に行っているＩ君なんかはオレよりずっと成績が悪い。あいつと比べたらオレのほうができるのだ＞と，自分より劣らない兄から，自分より劣るＩ君に競争他者を替えることで，自分の存在価値を守ろうとします。

　記述の実例では，営業成績を競っている会社員を取り上げてゆきましょう。

▶他者競争型・代償方式・積極的形態
〇月間営業成績が発表された時のこと
　棒グラフの表が張り出された。
　私は＜やっぱり，Ｊ主任がトップだ。なかなか，トップにはなれないなあ。家庭だって犠牲にしなきゃならないし。そこそこの成績で，家庭も

大事にしているＫ主任のようなやり方の方が，賢明かもしれない。ぼくは，Ｋ主任のやり方でいこう＞と思った。

既成の自己評価────────Ｊ主任より優れているかどうかで自己評価していた

自己評価不安の出現────Ｊ主任より優れていないと感じて，自分を肯定できなくなり，自己評価不安を感じた

自己評価欲求の発生────自己肯定できるようにしたい，という欲求が生まれた

自己評価の試み──────競争他者をＪ主任からＫ主任に替えることで，自己肯定できるようにしようとした

▶他者競争型・代償方式・消極的形態
〇得意先で話していた時のこと

お客さんは「Ｊ主任の売り上げって，会社で一番なんだって。あの人柄なら当然だよね」と言った。

私は＜Ｊ主任のことは，客にまで知れ渡っているんだ。私なんか，とうてい足元にも及ばない。無理して疲れるより，Ｌ主任のようにのんびりやる方が利口だよ。オレは，Ｌ主任のやり方でいこう＞と思った。

既成の自己評価────────Ｊ主任より劣っているかどうかで，自己評価していた

自己評価不安の出現────Ｊ主任より劣っていると感じて，自分を否定せざるを得なくなり，自己評価不安を感じた

自己評価欲求の発生────自己否定しなくてすむようにしたい，という欲求が生まれた

自己評価の試み──────競争他者をＪ主任からＬ主任に替えることで，自己否定しなくてすむようにした

④日本社会において，他者競争型の自己形成は，どのような意味をもっているのか？
・母親の競争意識が，子どもの競争意識を引き出す

　基本的には，私たちの自己形成は，他者準拠型の自己評価の試みからはじまり，他者模倣型の自己評価の試みに移り，他者競争型の自己評価の試みへと変化していきます。昔は，この順序で自己形成する場合がほとんどでした。しかし，現代では，小さい頃から子どもたちは他者競争型の自己評価の試みをしています。それは，お母さん自身が，子育て競争をしているからです。

　他者競争型の自己形成をしてきたお母さんは，子どもが小さいうちから，さまざまな価値基準で，たえず，わが子をよその子と比較して評価します。お母さんの競争意識は，そのまま子育てに反映されてゆきます。たとえば，子どもの成績が母親自身の自己評価の根拠となったとします。そうなると，子どもは，母親の自己評価の手段として，利用されることになります。

　乳児期では，お母さんは，たとえば，「となりの花子ちゃんは生後何ヵ月でおしめが取れたのに，うちの子はまだおしめをしている」というように，わが子をよその子と比べて評価します。幼児期では，お母さんは，たとえば，「裏の家の太郎くんはもう絵本が読めるのに，どうしてあなたはいくら教えても読めないの」というように，わが子をよその子と比べて評価します。

　家の中でも母親は「お兄ちゃんがあなたぐらいのときは，とっくに漢字の読み書きができたのに，なんであなたはできないの」「お姉ちゃんの成績はもっとよかったわよ。どうしてあなたはだめなの」というように，たえず兄弟姉妹と比べて，わが子を評価します。

　このように，幼い頃から日常的にお母さんから比較評価されてくると，子どもの比較意識は，初期の頃から強まってゆくのです。母親の競争意識の背後には，社会の業績競争の問題が潜んでいます。自由競争を至上とする社会の問題が，私たちの意識にも侵入してくるのです。ですから，現代の子どもたちは幼児期から競争意識をもつようになっているのです。

・競争社会が，私たちの競争意識を駆り立てる

　前近代社会は，基本的に模倣社会だったと言ってよいでしょう。伝統が支配する社会であり，伝統こそが人びとの行動の規範となっていました。それゆえ，規範社会でもあった，と言ってよいでしょう。伝統社会では，過去から受け継がれてきたものを，そのままくり返すことが，もっとも価値あることでした。反対に，過去の伝統的慣習から外れることは，無価値である，というだけではなく，すべきでない反価値を意味していました。

　それに対して，資本主義社会の現代は，基本的に，目的達成のための競争社会なのです。資本主義社会において，自由競争は基本的な原理です。業績をあげた者が"勝ち組"となって上に上がっていき，業績をあげられない者が"負け組"となって下へ落ちていく仕組みです。優勝劣敗を良しとしている社会が，自由競争社会なのです。

　もし，それを良しとしない場合は，違う発想が必要になります。"勝ち組"や"負け組"を作り出す社会を変えていき，人びとが共に暮らしていくために，強者だけではなく，弱者をも大切にしていく，という福祉重視の社会にしなければならないことになります。

・競争原理が，社会のすみずみにまで浸透している

　現代では，競争すべきでない世界にも競争原理が持ち込まれています。本来，芸術という世界では競争はありえません。なぜなら，芸術作品は，それぞれが作者の固有の価値観と独自の感性で創造されているからです。しかし，実際に絵画の売買となると，比較ができないはずの作品が比較されて，値段がつけられます。画家も，有名度によって作品の経済的ランクが決められます。

　学問の世界でも，"売れる本を書く学者は価値がある"と思われがちです。もっと極端になると，社会的に大勢の人の評価を得ている学者の学問は正しくて，少数派の学者の学問は正しくない，ということになります。

このように，競争すべきでない世界でも，競争原理が働いています。

　目に見えるものは比較しやすく，目に見えないものは比較しにくいものです。たとえば，試験の問題では，比較のしにくい作文の出題は避けられてきました。○×式のような選択式の問題は，点数の計算がしやすく，客観的なデータを作ることができます。
　現代の子どもたちは，小さい頃から学校や塾で，このようなテストをくり返し受けて，点数で評価されて，育ちます。その結果，"テストで良い点を取る人がネウチのある人間である"と，自分もまわりの人も思ってしまうのです。
　子どもたちは，学校で良い成績をとって，一流大学に入り，一流会社に入り，みんなより高い地位と収入を得ることが，価値があることだ，というモノサシを知らず知らずのうちに身に付けてゆきます。もし，子どもたち全員が，このようなモノサシでお互いに競争しあっていくと，どうなるでしょうか。
　まず，小学校から中学校へ受験するところで脱落する人たちが出てきます。そこから有名高校を受験することになると，さらに多くの子どもたちが脱落してゆきます。そして，有名大学を受験することになると，もっと多くの子どもたちが脱落してゆきます。選抜高校野球のトーナメント試合のような仕組みになっているのです。そうすると，社会の誰でもが多かれ少なかれ劣等感をもつことになります。競争意識をもつと，世界の全てが序列の世界に変貌していきます。極端な場合は，全てが"勝った・負けた"で判断されることになるのです。
　日本の財界のトップに立った人が足の骨を折って入院した時に，同じ病室の人に「誰が一番早く歩けるようになるか競争しよう」と提案したそうです。そうしないと自分のためのリハビリでもやる気がしなかったのです。このような人は，人生の全ての局面を競争意識で過ごすことになります。

- 競争意識にも肯定的側面がないわけではない

ところで,競争という行為は,全てよくないことなのでしょうか。私は,必ずしも悪いことだとは思いません。

お互いの人格を認め合った上で,本当に大切な目標に向かって,励ましあい,競い合い,切磋琢磨していくことは,必ずしも悪いことではありません。けれども,子どもは勝ち負けにこだわります。小さい子でも,ゲームで負けると泣いて悔しがります。子どもは勝ちたいのです。そういう時,大人がゆとりをもって,勝ち負けが全てではないということを子どもにわかるように伝えていければよいのです。

- 日本の社会では,集団競争の時代から個人競争の時代へと変化している

日本の社会での競争は,完全な個人競争ではなく,集団競争になっています。集団の一致（みんなと同じ）ということが日本人にとっては住み心地がよいのです。集団競争というのは,集団との一体感と競争心の両方を同時に満たします。日本人にとっては,個人競争より集団競争のほうが,性にあっている,と言ってもよいでしょう。

しかし,最近の会社は能力主義的な評価に切り替わってきています。ある人は会社にとって必要だから残ることができますが,ある人は会社にとって必要がないからリストラされるというように,集団の在り方が変化してきています。

そうなってくると,社会の中でたった一人で自分が立っているというイメージになります。この状態は日本人にとっては,慣れていない世界なので,落ちつけない世界なのではないでしょうか。

4．なぜ,自己評価の試みを解明するのか？

以上,社会的次元における,三類型の自己評価の試みを,実例をあげて,詳しく説明してきました。同じような場面でも,自己評価の仕方の違いによ

って，受け取り方に違いが生じ，自己形成も違ってくる，ということを，理解していただけたのではないかと思います。

　ここであげた実例は，あくまでも理論を理解する上での参考例です。百人の人がいれば，百通りのかけがえのない自己形成があります。そして，私たちの自己評価の試みは，複雑に絡み合って存在しています。どれか一つの型に自分を当てはめるのではなく，理論によって，自分の心のカラクリを発見し，理解するためのチャンスとして考えていただけると幸いです。

第4章 自己評価分析の方法

第1節 分析記録の実例

　この章では，まずはじめに，ある方の自己評価分析の実例を紹介します。どのような用紙を使って，自己評価分析による探究が試みられるのか，具体的に理解していただけるのではないかと思います。ただし，この実例は，あくまでも，この方自身の探究の記録であることを承知のうえ，参考にしていただければと思っています。

　実際に，取り組む場合には，まず，実例で全体像をつかんでください。その上で，それぞれの段階の詳しい用紙の使い方をお読みください。各段階を踏んでゆくことで，ご自分の内面をみつめて，自己評価の試みを理解し，自己形成史のパースペクティブを見渡せるようになってきます。自己評価分析による，みなさんの探究が，自己形成史理論につながってゆくことを願っています。

場面状況

研究動機

　ソロバンを母に買ってもらって，涙が出てきた場面を探求しました。しかし，この場面をいったいどのように理解したらよいのか分からなくなりました。そのような中で＜クラスのみんなとソロバンがちがってはずかしー。＞と思った，事件の発端となったこの場面を探求していないことに気づきました。

　授業中＜はずかしー。みじめー。＞と思った場面を探求することで，自分の気持ちを深く見つめて，味わってみようと思いました。

第 4 章　自己評価分析の方法

氏名　○　○　○　○　　　　　　記入　○○年○月○日　No. 1

場面説明
日・時　1972年頃　秋位だったと思う（小学4年生頃）
場　所　学校の教室
登場人物　私（小学校4年生位），クラスメート（具体的には思い出せない）
状況説明　授業でソロバンを使うことになり，学校で一括購入の申し込みがあった。私は＜家にあるのを使えばいいもん。物を大切にしなきゃ＞と思い，申し込まなかった。
ソロバンの初授業の時，みんなのピカピカのソロバンを見て，私はびっくりし，みじめに思った場面。

見取り図

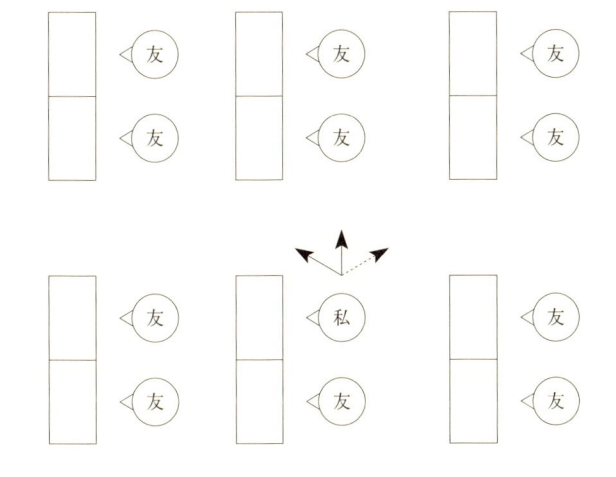

場面記述（その1）

相手が言ったこと，したこと
①チャイムが鳴った。
②クラスのみんなは席についた。
③クラスのみんなはソロバンを出した。

| 氏名 | ○ ○ ○ ○ | 記入 ○○年○月○日 No.2 |

私が思ったこと，言ったこと，したこと
①私は席についた。
②私は＜今日から算数はソロバンだな。
③　　　楽しみ。
④　　　あれ？
⑤　　　みんな，同じかっこいいケースだ。
⑥　　　あれが一括購入のなんだ。
⑦　　　みんな，あれを持っているなぁ。
⑧　　　一括購入で買わなかったの，私だけなのかなぁ。
⑨　　　一人だけちがったら，なんかいやだなぁ。＞と思った。
⑩私はソロバンを出した。
⑪私は＜いやー，私だけみたい。
⑫　　　それにみんなのソロバンの玉　ピカピカだ。
⑬　　　ソロバンの玉って　本当はああいう色なの?!
⑭　　　私のは，真っ黒できたならしい。
⑮　　　長さも，みんなのより短い。
⑯　　　どうしよう。
⑰　　　はずかしいよー。
⑱　　　お母さんの使っていたソロバンしか知らなかったから，新しいソロバンがこんなにきれいだなんて知らなかった。
⑲　　　お母さんが一括購入の時　買えばって言ってくれたのに，お母さんのでいいって言って失敗した。
⑳　　　お古でいいなんて言わなきゃよかった。

場面記述（その2）（つづき）

相手が言ったこと，したこと

第4章　自己評価分析の方法

氏名　〇〇〇〇　　　　　　　　記入　〇〇年〇月〇日　No.3

	私が思ったこと，言ったこと，したこと
㉑	はずかしくてここにいるのがいやだ。
㉒	みじめだ
㉓	貧乏な子みたい。
㉔	先生の話も聞こえない。
㉕	顔があつい。
㉖	こんなにはずかしいのは絶対イヤ。
㉗	今日帰ったらお母さんに頼んで新しいソロバンを買ってもらおう。
㉘	そうしよう。＞と思った。

場面記述による発見

自分の欄を読んで気づいたこと	相手の欄を読んで気づいた
②＜今日から算数はソロバンだな＞ ③＜楽しみ＞ という文から 　私はソロバンの授業は楽しみにしていました。みんなのソロバンをみてから動揺したのだとあらためて気づきました。 　⑤＜みんな，同じかっこいいケースだ。＞ 　⑥＜あれが一括購入のなんだ。＞ 　⑦＜みんな，あれを持っているなぁ。＞ 　⑧＜一括購入で買わなかったの，私だけなのかなぁ＞ 　⑨＜一人だけちがったら，なんかいやだなぁ＞ という文から 　みんなのケースを見てまず不安になったことに気づきました。＜一人だけちがったらいやだ＞という思いが強く"みんなとちがうこと"に対して敏感になっていました。 　⑥と⑧で一括購入という言葉が出てきます。一括購入しなかったことに，すでに後悔の気持ちがおきていると思いました。 　㉑＜はずかしくてここにいるのがいやだ。＞ 　㉔＜先生の話しも聞こえない＞ 　㉖＜こんなにはずかしいのは，絶対イヤ。＞ という文から 　この場にいるのもイヤで先生の話しも耳に入らない程，はずかしかったことに気づきました。	②みんなは席についた。 ③みんなはソロバンを という文から 　みんなは前を向いてソロていただけだと思います。 　みんなの意識は私にはとうと思いました。

第4章 自己評価分析の方法

氏名　〇　〇　〇　〇　　　　　　　　記入　　〇〇年〇月〇日　No.4

| こと

出した。

バンの授業を受けようとし
りたててむいていないだろ | 自分と相手の欄を読んで気づいたこと
自分
　⑨＜一人だけちがったらなんかいやだなぁ＞
相手
　③みんなはソロバンを出した。
自分
　⑪＜いやー　私だけみたい。＞
という文から

　私はみんなと比べて私だけがちがったことがとても
いやでした。一方，みんなは私のことは気にしていな
かっただろうと思いました。 |

場面分析(その1)

No.	私の思ったこと,言ったこと,したこと	関　係
①	私は席についた	私→私
②	私は＜今日から算数はソロバンだな	私→私
③	楽しみ。	私→私
④	あれ？	私→私
		私→みんな
⑤	みんな,同じかっこいいケースだ。	私→みんな
		私→私
⑥	あれが一括購入のなんだ。	私→私
⑦	みんな,あれを持っているなぁ	私→私
		私→みんな
⑧	一括購入で買わなかったの,私だけなのかなぁ。	私→私
⑨	一人だけちがったら,なんかいやだなぁ。＞	私→私
⑩	私はソロバンを出した。	私→私
⑪	私は＜いやー　私だけみたい。	私→私
⑫	それにみんなのソロバンの玉　ピカピカだ	私→みんな
		私→私
⑬	ソロバンの玉って　本当はああいう色なの?!	私→私
⑭	私のは,真っ黒できたならしい。	私→私

第 4 章　自己評価分析の方法

氏名　〇〇〇〇　　　　　　　記入　〇〇年〇月〇日　No. 5

記号	評　価　像	記号	価　値　概　念
＋	席につく私	＋	席につくこと
＋	ソロバンを習う私	＋	ソロバンを習うこと
＋	ソロバンを習う私	＋	ソロバンを習うこと
－	みんなとちがうかもしれない私	－	みんなとちがうこと
＋	同じケースを持つみんな	＋	同じケースを持つこと
＋	同じかっこいいケースを持つみんな	＋	同じかっこいいケースを持つこと
－	みんなとちがうかもしれない私	－	みんなとちがうこと
－	一括購入のケースを持たない私	－	一括購入のケースを持たないこと
－	みんなとちがうかもしれない私	－	みんなとちがうこと
＋	同じ物を持っているみんな	＋	同じ物を持っていること
－	クラスで一人だけちがうかもしれない私	－	クラスで一人だけちがうこと
－	クラスで一人だけちがうかもしれない私	－	クラスで一人だけちがうこと
－	みんなとちがうかもしれない私	－	みんなとちがうこと
－	クラスで一人だけちがった私	－	クラスで一人だけちがうこと
＋	ピカピカの玉のソロバンを持っているみんな	＋	ピカピカの玉のソロバンを持つこと
－	ピカピカの玉でないソロバンを持っている私	－	ピカピカの玉でないソロバンを持つこと
－	ソロバンの玉のきれいさを知らなかった私	－	ソロバンの玉のきれいさを知らないこと
－	真っ黒できたならしいソロバンを持っている私	－	真っ黒できたならしいソロバンを持つこと

場面分析（その2）（つづき）

No.	私の思ったこと，言ったこと，したこと	関　係
⑮	長さも，みんなのより短い。	私→私
⑯	どうしよう。	私→私
⑰	はずかしいよー。	私→私
⑱	お母さんの使っていたソロバンしか知らなかったから，新しいソロバンがこんなにきれいだなんて知らなかった。	私→私
⑲	お母さんが一括購入の時　買えばって言ってくれたのに，お母さんのでいいって言って失敗した。	私→母 / 私→私
⑳	お古でいいなんて言わなきゃよかった。	私→私
㉑	はずかしくてここにいるのがいやだ。	私→私
㉒	みじめだ	私→私
㉓	貧乏な子みたい。	私→私
㉔	先生の話しも聞こえない	私→私
㉕	顔があつい。	私→私
㉖	こんなにはずかしいのは絶対いや	私→私
㉗	今日帰ったらお母さんに頼んで新しいソロバンを買ってもらおう。	私→私 / 私→母
㉘	そうしよう。＞と思った。	私→私

第4章 自己評価分析の方法

氏名　○　○　○　○　　　　　　記入　　○○年○月○日　No. 6

記号	評 価 像	記号	価 値 概 念
－	長さもみんなより短いソロバンを持っている私	－	長さもみんなより短いソロバンを持つこと
－	みんなとちがうソロバンを持っている私	－	みんなとちがうソロバンを持つこと
－	みんなとちがう私	－	みんなとちがうこと
－	新しいソロバンのきれいさを知らなかった私	－	新しいソロバンのきれいさを知らないこと
＋	一括購入を勧めてくれた母	＋	一括購入を勧めてくれること
－	一括購入をことわった私	－	一括購入をことわること
－	お古でいいと言った私	－	お古でいいと言うこと
－	はずかしい私	－	はずかしいこと
－	みじめな私	－	みじめなこと
－	貧乏な子みたいな私	－	貧乏な子みたいなこと
－	先生の話しが聞こえない私	－	先生の話しが聞こえないこと
－	顔があつい私	－	顔があついこと
－	はずかしい私	－	はずかしいこと
＋	新しいソロバンを買ってもらえるだろう私	＋	新しいソロバンを買ってもらうこと
＋	新しいソロバンを買ってくれるだろう母	＋	新しいソロバンを買ってくれること
＋	新しいソロバンを買ってもらえるだろう私	＋	新しいソロバンを買ってもらうこと

場面分析による発見（その1）

	場面分析をして
②私→私（＋）ソロバンを習う私	（＋）ソロバンを習うこと
③私→私（＋）ソロバンを習う私	（＋）ソロバンを習うこと
という評価像と価値概念から	
私はソロバンを習うことに関しては，プラス評価していたことに気づきました。	
私の両親がソロバンをよく使っていたので，私も覚えてみたいという気持ちが強かったのだと思いました。	
④私→私（－）みんなとちがうかもしれない私	（－）みんなとちがうこと
私→みんな（＋）同じケースを持つみんな	（＋）同じケースを持つこと
⑤私→私（－）みんなとちがうかもしれない私	（－）みんなとちがうこと
私→みんな（＋）同じかっこいいケースを持つみんな	（＋）同じかっこいいケースを持つこと
⑦私→私（－）みんなとちがうかもしれない私	（－）みんなとちがうこと
私→みんな（＋）同じものを持っているみんな	（＋）同じものを持っていること
⑯私→私（－）みんなとちがうソロバンを持っている私	（－）みんなとちがうソロバンを持つこと
⑰私→私（－）みんなとちがう私	（－）みんなとちがうこと
という評価像と価値概念から	
私はみんなと比較してみんなとちがうことがとてもいやでした。	
それも良い方にちがっていたのではなく，良くない方にちがっていたので，みじめでたまらなかったことに気づきました。	
⑧私→私（－）クラスで一人だけちがうかもしれない私	

第4章　自己評価分析の方法

| 氏名　〇〇〇〇 | 記入　〇〇年〇月〇日　No. 7 |

気づいたこと

⑨私→私（－）クラスで一人だけちがうかもしれない私

という評価像から

　私は，たった一人だったことが，特別に，嫌だったことに気づきました。何人かいれば，少しは気持ちがちがっていたと思います。

⑳私→私（－）お古でいいと言った私　　　　　（－）お古でいいと言うこと

という評価像と価値概念から

　私は一括購入の話しがあった時，自分から進んで，お古を持っていくと言いました。その時"お古を使うこと"がプラスだったのに"お古でいいと言うこと"がマイナスになっていることに気づきました。私はお古でいいと言ったことを後悔したのです。"お古を使うこと"ということに対して価値記号に一貫性がないことに気づきました。"お古を使うこと"で，自分をプラスに評価しようとしていたのだなと思いました。

㉑私→私（－）はずかしい私

㉒私→私（－）みじめな私

㉓私→私（－）貧乏な子みたいな私

㉔私→私（－）先生の話しが聞こえない私

㉕私→私（－）顔があつい私

㉖私→私（－）はずかしい私

という評価像から

　私はみんなとちがってはずかしくて，みじめだったのだなぁとしみじみ思いました。

場面分析による発見（その２）（つづき）

場面分析をして
㉗私→私（＋）新しいソロバンを買ってもらえるだろう私
（＋）新しいソロバンを買ってもらうこと
私→母（＋）新しいソロバンを買ってくれるだろう母
（＋）新しいソロバンを買ってくれること
㉘私→私（＋）新しいソロバンを買ってもらえるだろう私
（＋）新しいソロバンを買ってもらうこと
という評価像と価値概念から
私は新しいソロバンを母親に買ってもらうことで，自分の自己評価不安を解消しようとしていたことに気づきました。

第 4 章　自己評価分析の方法

氏名　〇〇〇〇　　　　記入　〇〇年〇月〇日　No.8

気づいたこと

関係別場面分析（その１）

文番号	記号	評価像	記号	価値概念	文番号	記号	評価像
		対自関係 （ 私 ）→（ 私 ）自身					対他関 （ 私 ）→
①	＋	席につく私	＋	席につくこと	④	＋	同じケースを持つみんな
②	＋	ソロバンを習う私	＋	ソロバンを習うこと	⑤	＋	同じかっこいいケースを持つみんな
③	＋	ソロバンを習う私	＋	ソロバンを習うこと	⑦	＋	同じものを持っているみんな
④	－	みんなとちがうかもしれない私	－	みんなとちがうこと	⑫	＋	ピカピカの玉のソロバンを持っているみんな
⑤	－	みんなとちがうかもしれない私	－	みんなとちがうこと			
⑥	－	一括購入のケースを持たない私	－	一括購入のケースを持たないこと			
⑦	－	みんなとちがうかもしれない私	－	みんなとちがうこと			
⑧	－	クラスで一人だけちがうかもしれない私	－	クラスで一人だけちがうこと			
⑨	－	クラスで一人だけちがうかもしれない私	－	クラスで一人だけちがうこと			
⑩	－	みんなとちがうかもしれない私	－	みんなとちがうこと			
⑪	－	クラスで一人だけちがった私	－	クラスで一人だけちがうこと			
⑫	－	ピカピカの玉でないソロバンを持っている私	－	ピカピカの玉でないソロバンを持つこと			
⑬	－	ソロバンの玉のきれいさを知らなかった私	－	ソロバンの玉のきれいさを知らないこと			
⑭	－	真っ黒できたならしいソロバンを持っている私	－	真っ黒できたならしいソロバンを持つこと			
⑮	－	長さもみんなより短いソロバンを持っている私	－	長さもみんなより短いソロバンを持つこと			
⑯	－	みんなとちがうソロバンを持っている私	－	みんなとちがうソロバンを持つこと			
⑰	－	みんなとちがう私	－	みんなとちがうこと			
⑱	－	新しいソロバンのきれいさを知らなかった私	－	新しいソロバンのきれいさを知らないこと			

第4章 自己評価分析の方法

氏名 ○ ○ ○ ○　　　　　　　　　記入　○○年○月○日　No.9

係 （みんな）		対他関係 （ 私 ）→（ 母 ）			
記号	価 値 概 念	文番号	記号	評 価 像	記号	価 値 概 念
＋	同じケースを持つこと	⑲	＋	一括購入を勧めてくれた母	＋	一括購入を勧めてくれること
＋	同じかっこいいケースを持つこと	㉗	＋	新しいソロバンを買ってくれるであろう母	＋	新しいソロバンを買ってくれること
＋	同じものを持っていること					
＋	ピカピカの玉のソロバンを持つこと					

117

関係別場面分析（その２）（つづき）

文番号	記号	評価像	記号	価値概念	文番号	記号	評価像
⑲	−	一括購入をことわった私	−	一括購入をことわること			
⑳	−	お古でいいと言った私	−	お古でいいと言うこと			
㉑	−	はずかしい私	−	はずかしいこと			
㉒	−	みじめな私	−	みじめなこと			
㉓	−	貧乏な子みたいな私	−	貧乏な子みたいなこと			
㉔	−	先生の話しが聞こえない私	−	先生の話しが聞こえないこと			
㉕	−	顔があつい私	−	顔があついこと			
㉖	−	はずかしい私	−	はずかしいこと			
㉗	＋	新しいソロバンを買ってもらえるだろう私	＋	新しいソロバンを買ってもらうこと			
㉘	＋	新しいソロバンを買ってもらえるだろう私	＋	新しいソロバンを買ってもらうこと			

（表頭：対自関係（　私　）→（　私　）自身／対他関（　私　）→）

第4章 自己評価分析の方法

氏名　○○○○　　　　　記入　○○年○月○日　No.10

係 (みんな)		対他関係 （　私　）→（　母　）				
記号	価値概念	文番号	記号	評価像	記号	価値概念

関係別場面分析による発見

関係別自己評価分析
(1) 対自関係の場面分析を読んで気づいたこと
①〜③（＋）ソロバンを習うこと
④〜㉖（－）みんなとちがうこと
㉗㉘（＋）新しいソロバンを買ってもらうこと
より
①〜③ではプラスだった自己評価が，④の"みんなとちがうこと"から一転してマイナスの自己評価にかわっていったことに気づきました。みんなとちがうというマイナスの自己評価をさけるために新しいソロバンを買ってもらうことを追求したことに気づきました。
⑬（－）ソロバンの玉のきれいさを知らないこと
⑱（－）新しいソロバンのきれいさを知らないこと
より
私は新しいソロバンのきれいさを知らなかった自分をマイナス評価しました。このことから"知らないこと"に対する恐れの気持ちがおきるようになったのかもしれないと思いました。
㉑（－）はずかしいこと
㉒（－）みじめなこと
㉓（－）貧乏な子みたいなこと
㉖（－）はずかしいこと
より
私は，自分の持っているソロバンがみんなのソロバンとちがうことではずかしくみじめだったのだ，としみじみ思いました。

第4章　自己評価分析の方法

氏名　○○○○　　　　　記入　○○年○月○日　No.11

をして気づいたこと

　　＜貧乏な子と思われることがイヤだったんだなぁ。こわかったんだなぁ。＞
　とこの場面の自分がいとおしく感じられました。

(2)　対他関係の場面分析を読んで気づいたこと
　　一貫して，私対みんなという構図の中で，同じ物を持っているみんなに対してプラス評価していたことに気づきました。

プラス価値概念の構造化

文番号	プラス価値概念	
①	席に着くこと	
②	ソロバンを習うこと	ソロバンを習うこと
③	ソロバンを習うこと	
㉗	新しいソロバンを買ってもらうこと	みんなと同じソロバンを持つこと
㉘	新しいソロバンを買ってもらうこと	

第4章　自己評価分析の方法

氏名　○　○　○　○　　　　　記入　　○○年○月○日　No. 12

価 値 概 念 の 構 造 化

マイナス価値概念の構造化

文番号	マイナス価値概念	
④	みんなとちがうこと	
⑤	みんなとちがうこと	
⑥	一括購入のケースを持たないこと	
⑦	みんなとちがうこと	
⑧	クラスで一人だけちがうこと	
⑨	クラスで一人だけちがうこと	みんなとちがうソロバンを持っていること
⑩	みんなとちがうこと	
⑪	クラスで一人だけちがうこと	
⑫	ピカピカの玉でないソロバンを持つこと	
⑭	真っ黒できたならしいソロバンを持つこと	
⑮	長さもみんなより短いソロバンを持つこと	
⑯	みんなとちがうソロバンを持つこと	
⑰	みんなとちがうこと	
⑬	ソロバンの玉のきれいさを知らないこと	
⑱	新しいソロバンのきれいさを知らないこと	古いソロバンを使わねばならないこと
⑲	一括購入をことわること	
⑳	お古でいいと言うこと	
㉑	はずかしいこと	
㉒	みじめなこと	
㉓	貧乏な子みたいなこと	みじめな思いをすること
㉔	先生の話しが聞こえないこと	
㉕	顔があついこと	
㉖	はずかしいこと	

第4章　自己評価分析の方法

氏名　〇〇〇〇　　　　　記入　〇〇年〇月〇日　No.13

価 値 概 念 の 構 造 化

　〉みんなとちがうこと

　　　　　　　　　　　〉みんなとちがうことでみじめな思いをすること

価値概念の構造化による発見

構造化をして
まとめてみることで，自己評価不安になった時のパターンが見えてきました。
みんなと違っている　→　"はずかしい""みじめ"などのマイナス感情がおこる　→　マイナス感情を回避したいという欲求がおこる　→　みんなと違うことを回避する手段を考える
という経過をたどって母に頼むという行動になっていることが分かりました。
自己評価不安がおこってからのマイナス価値概念は"みんなと違うこと"であり，プラスの価値概念は"みんなと違わないこと"になっていました。表と裏のようにピッタリとくっついていることに気づきました。

第4章　自己評価分析の方法

氏名　〇〇〇〇　　　　　　記入　〇〇年〇月〇日　No. 14

気づいたこと

自己評価の試みの読み取り用紙

	設　問	解　答
1	既成の自己評価 　この場面において，どのような（＋）価値概念にもとづいて，どのように自己評価していたか？　または，どのような（－）価値概念にもとづいて，どのように自己評価していたか？	みんなのソロバンを見るまで，"（＋）みんなとちがわないこと"という価値概念にもとづいて自分を肯定的に評価していた。
2	自己評価不安の出現 　この場面において，どのような（＋）価値概念にもとづいて，どのような自己肯定不安に陥ったか？　または，どのような（－）価値概念にもとづいて，どのような自己否定不安に陥ったか？	みんなとあまりにもちがうことで，"（－）みんなと違うこと"という価値概念にもとづいて自分を否定せざるをえなくなった。
3	自己評価欲求の発生 　どのような自己肯定追求欲求，または，自己否定回避欲求が生まれたか？	"（－）みんなとちがうこと"を回避したいという欲求がうまれた。
4	自己評価充足策の考案 　どのように自己肯定しようとしたか？　また自己否定しなくてすむようにしたか？	みんなとちがわないようにすることで自己否定しなくてすむように考えて母に頼んでみんなと同じそろばんを買ってもらうという方策をとることにした。
5	自己評価の試みの結果 　その結果，どのようになったか？　自己肯定不安，または，自己否定不安はなくなったか？　その不安は続いていたか？　新しい自己肯定不安，または，自己否定不安が生じたか？	母に新しいソロバンとケースを買ってもらったことで"（－）みんなとちがうこと"という自己否定不安は回避することができた。ただ母に買ってもらったことで母に迷惑をかけた私というあらたな自己否定不安が生じた。

第 4 章　自己評価分析の方法

氏名　〇　〇　〇　〇　　　　　　　記入　〇〇年〇月〇日　No. 15

例証（文番号と記述文）
⑤みんな，同じかっこいいケースだ。 ⑦みんな，あれを持っているなぁ。 ⑧一括購入で買わなかったの，私だけなのかなぁ。 ⑨一人だけちがったら，なんかいやだなぁ。 ⑪いやー　私だけみたい。 ⑫それにみんなのソロバンの玉　ピカピカだ。 ⑭私のは，真っ黒できたならしい。 ⑮長さも，みんなのより短い。
㉑はずかしくてここにいるのがいやだ。 ㉖こんなにはずかしいのは絶対イヤ
㉗今日帰ったらお母さんに頼んで新しいソロバンを買ってもらおう。 ㉘そうしよう。

自己評価の試みの読み取りによる発見

自己評価の試みの読み取
この場面をまとめて言うと
『みんなとちがうソロバンだったことで自己評価不安に陥り，自分の存在価値を否定せざるをえなくなった。
自己否定感を回避するために母に新しいソロバンを買ってもらうという自己評価の試みをした』
と書き表せると思いました。
この探求を通して，自分の中に同じような場面がたくさんあることに気づきました。
リカちゃん人形がちがっていたこと，絵の具のパレットがちがっていたことなど，私にとって"みんなとちがわないこと"という価値概念は大きな意味をもっていたことに気づきました。
この場面は，子どもの頃のことですが，現在もこの価値概念は強くあることに気づきました。習い事の仲間が"難しい""分からない"と騒いでいましたが，私はみんなと同じだったので，全然いやではありませんでした。取り組む前は＜こんな単純な場面をやって意味があるのだろうか？＞と思っていましたが，大ちがいでした。
同じ価値概念は，私自身だけでなく，息子たちにも根づいていることに気づきました。親からみて，ネガティブに感じられることも＜友だちと同じようにしたいんだな＞と息子たちの気持ちを分かってあげられるようになりました。

第4章　自己評価分析の方法

氏名　〇〇〇〇　　　　　記入　〇〇年〇月〇日　No. 16

りをして気づいたこと

第2節　場面記述の段階

　記述の段階は，セルフ・カウンセリングと同じです。取り上げる場面は，どのような場面でも大丈夫ですが，選択する時に心に留めておいていただきたいことがあります。
　セルフ・カウンセリングは日常生活の問題に密着した実践学習ですが，自己評価分析は，自己形成史理論を理解してゆくプログラムです。取り上げる場面から，ある程度の距離がとれてないと，取り組みにくくなります。あらかじめセルフ・カウンセリングで探究した場面で取り組むことが望ましいと言えます。
　セルフ・カウンセリングを学んでいない方のために，簡単に，記述の段階のやり方を説明しておきましょう。

1．場面状況

　自己評価分析で取り上げるのは，ある日・ある時・ある所で起こった具体的な場面です。場面状況用紙には，その場面を理解するのに必要な，研究動機・日時・場所・登場人物・状況説明・見取り図などを書き入れます。研究動機を，具体的に書いておくことによって，自己探究する以前の自分の心理状況が分かり，探究後の変化がはっきりします。

2．場面記述

　記述の書き方には，いくつかのルールがあります。ルールは大まかにあげると，三つになります。
　　(1)　具体性の原則……できるだけ具体的に書く
　　(2)　継起性の原則……できるだけ時間の順に書く
　　(3)　相互性の原則……できるだけ自分と相手の行動を交互に書く

この原則にそって書くことで，現実がありのままに見えてきます。さらに，この原則を具体的に紹介しましょう。

- 自分が思ったこと，言ったこと，したことは，自分欄に書く。
- 自分以外の人，あるいは出来事は，相手欄に書く。
- 一文ごとに，主語をつける。
- 言ったことは「　」で，思ったことは＜　＞でくくる。
- 句点（。）疑問符（？）感嘆符（！）などがきたら，改行する。
- 述語は過去形にする。
- 相手欄を書いたら，自分欄は空白に，自分欄を書いたら，相手欄は空白にする。
- 行動文は単文にする。
- 時間の経過があった場合は，〰〰線で区切る。
- 相手欄に対する思いを心のセリフとして書き入れる。
- 抽象的にまとめずに，具体的に書く。

　　具体的な書き方とは，どのような書き方なのか分かりにくいかもしれませんので，実例をあげて説明しておきましょう。
　　○私は悲しかった。→　私は＜お母さん，妹とばかり手をつないでいる。私のことは，どうでもいいんだ＞と思った。
　　○Aさんは怒った。→　Aさんは「何してるの！ちゃんと話を聞いていなかったでしょ！」と言った。

記述を書き終えたら，これらのルールにそって書かれているかどうか，チェックをしてみましょう。

3．記述による発見用紙

書き終えた記述は，じっくりと読み返します。読み返す順序は，次のようになります。
(1) 自分欄を読んで発見を書く。
(2) 相手欄を読んで発見を書く。
(3) 自分欄と相手欄を読んで発見を書く。

何度も読み返すことは，記述の中に書き表された，自分の思ったこと，言ったこと，したことを，くり返し見直してゆくことになります。その中から，自分や相手を新たに理解し直す発見が起こります。

第3節　場面分析の段階

分析の段階は，セルフ・カウンセリングの洞察の段階に相応するものです。ただし，相手欄の分析はしません。設問用語も変わります。洞察では，"関係・感情・欲求"を取り出しますが，評価分析では，"関係・評価像・価値概念"を取り出します。"関係"という用語だけは共通ですが，次の項目から，用語が変わります。"評価像"と"価値概念"という用語は，自己形成史の理論で使われる用語です。セルフ・カウンセリングから一段と，自己形成史の理論に近づきます。では，それぞれの取り出し方を説明してゆきましょう。

1．対象関係

対象関係の取り出し方は，セルフ・カウンセリングと同じです。問いかけ方は，"誰，あるいは，何を意識していたか？"という問いかけになります。一文から，できるだけ多くの対象関係を取り出します。対他関係（私→相

手）が取り出された時は，その奥に対自関係（私→私）がないかどうか，自問自答してみましょう。たくさんの対自関係を取り出すことは，自己理解の手がかりが増えることになります。

では，なぜ，最初に，対象関係を取り出すのでしょうか。自己形成史の理論において，そのことは，重要な意味をもっています。まず，対象関係を取り出す意味について触れておきましょう。

人間の行動を理解するには，二つのアプローチが考えられます。一つは外側の条件を重視するアプローチです。もう一つは，内側の条件を重視するアプローチです。外側の条件を重視するアプローチの代表として，行動主義心理学をあげることができます。内側の条件を重視するアプローチの代表としては，現象学的心理学をあげることができます。現象学的心理学は，内面的意識を探究することを目ざします。したがって，現象学的心理学にとっては，"意識"という言葉が大切なキーワードになります。

"意識"の根本的特徴は，"意識は，必ず，何かについての意識である"ということです。つまり，意識には必ず対象があるということです。意識の，この根本的特徴は，"意識"の対象志向性と呼ばれています。

意識が必ず何かについての意識であるということから，意識は，それ自体としては存在しないということになります。このことは，意識を実体概念として表すことはできないということになります。言い換えると，関係概念としてのみ表すことができるということです。それゆえ，セルフ・カウンセリングは，対象意識を単に"対象として"ではなく，"対象関係"として，表記します。セルフ・カウンセリングも自己評価分析も，現象学的心理学の方法をとっています。それゆえ，いずれも，最初の課題は，"対象関係"を突きとめることになります。

2．評価記号と評価像

次の段階は，取り出された対象に対して，どのような評価をしていたのか

を分析してゆきます。最初に，評価記号（評価の方向）を問い，書き表します。次に，その評価像（評価像の内容）を問い，書き表します。

　私たちは，通常，自分の欲求に基づいて，まわりの対象に対して，プラスの感情を抱いたり，マイナスの感情を抱いたりしています。自分の欲求を満たす対象には，プラスの感情を抱き，自分の欲求を妨げるものにはマイナスの感情を抱きます。

　私たちの，対象を意識する作用は，二つの側面に分けることができます。対象を認識する作用と，対象を評価する作用です。この認識作用と，評価作用は，分けることはできても，切り離すことはできません。しかし，通常は，まず，認識する働きが起こり，それに伴って，評価する働きが起こります。私たちは，ある対象を認識し，評価する際，その対象をプラスに評価することもあれば，マイナスに評価することもあります。

　私たちが，ある対象を知覚して，プラス，あるいは，マイナスに評価するのと同様に，過去の対象を想起する時も，未来の対象を想像する時も，その対象に対して，プラスあるいはマイナスの評価をしています。私たちが意識した対象に対して抱いたイメージを，プラスのイメージなのか，あるいは，マイナスのイメージなのかをつきとめ，書き表すのが，評価記号になります。自己評価分析では，現象学の原則に従って，私たちの外に存在する対象と，私たちの内に存在する対象のイメージ（像）とを分けて考えます。

　次に，そのプラスのイメージ，あるいは，マイナスのイメージが，どのようなプラスのイメージなのか，あるいは，どのようなマイナスのイメージなのか，と問います。すると，プラスあるいはマイナスのイメージに内容が入ってきます。たとえば，"優しい娘"とか"勉強できない息子"というように，イメージの内容が取り出されます。これを，評価像といいます。

・評価記号

　関係の項目で突きとめた対象に対して，"私は，この時，○○に対して，

どのような評価をしていたか？　プラスの評価をしていたか？　マイナスの評価をしていたか？"と問いかけます。そして,

　　肯定的に評価していた場合　→　プラス（＋）記号

　　否定的に評価していた場合　→　マイナス（－）記号

　　肯定的にも否定的にも評価していなかった場合　→　ゼロ（０）記号

として表記します。もし,評価に強弱が感じられましたら,

　　強いプラス　　（＋, ＋）

　　強いマイナス　（$-^2$）

　　弱いプラス　　（かすかな＋）

というように,各自で表記を工夫してみるとよいでしょう。

・評価像

　評価記号を取り出すことができたら,その評価を生み出しているのが,その対象の,どのようなイメージ（像）なのか問うてゆきます。"私は,この時,○○に対して,どのような評価像をもっていたか？"という問いを立てます。たとえば,

　　私→娘　（－）ギリギリまで寝ている娘

　　私→私　（＋）きちんと整頓する私

　　私→犬　（＋）忠実に言いつけを守る犬

というように,書き表します。

　評価像はなるべく具体的に詳しく表現しておきましょう。"勉強できる兄"よりも"私より勉強できる兄"の方がより具体的な表現と言えるでしょう。さらに,"私より勉強できて,母から褒められる兄"というように書き表されると,一層,具体的な表現になります。

3．価値記号と価値概念

　評価像を取り出したら,その評価の奥にある価値概念の方向と内容を表現

してゆきます。評価記号の"方向"と同様に，価値概念の"方向"は，価値概念がもっている，プラスの性質あるいはマイナスの性質を意味します。ここで，価値概念がどのようにして作り上げられてゆくのかを説明しておきましょう。子どもが"（＋）挨拶をすること"という価値概念をもつ過程を取り上げてみます。

- 母親が「挨拶しなさい」と言った。
  ↓
- 子どもは母親から"挨拶すること"を期待されていると感じて，挨拶をした。
  ↓
- 母親は子どもが挨拶したことを「良くできましたね」と褒めた。
  ↓
- 子どものうちに，"挨拶をすることは良いことなんだ"という記憶が残った。
  ↓
- 父親に挨拶したら，父親も子どもが挨拶したことを褒めた。
  ↓
- 先生に挨拶したら，先生も挨拶したことを褒めた。
  ↓
- その経緯の積み重ねから，子どものうちに"挨拶することは，良いこと"という価値概念が形成された。

このように，最初，ある日ある時に，ある出来事を経験します。同じような出来事が積み重なると，ある概念が形成されます。経験には，その経験をした人にとって，肯定的（プラス）な経験と，否定的な（マイナス）な経験とがあります。肯定的な経験からは，肯定的な概念が形成され，否定的な経

験からは，否定的な概念が形成されます。価値概念が形成される基盤として，過去の，具体的な個別体験が関わっていると言えます。

　また，挨拶をくり返してゆくうちに，自分が挨拶をした時には，相手も挨拶を返してくれるという予想ができるようになります。自分がこうすれば，相手もこうするだろう，というように，他者のとる行動が，ある程度，予想できるようになります。自己のとる行動への他者の期待や，その反対に，他者のとる行動への自己の予想が当たるという経験を重ねてゆくと，その期待や予想は，やがて一般化されて，個別の具体的な他者の期待や予想を超えて，普遍的で抽象的な他者の期待や予想へとつながってゆきます。このような一般化された他者を"社会的他者"と呼ぶことができるでしょう。

　たとえば，母親や父親や先生から，挨拶することを期待される，という経験が積み重なったり，自分が挨拶すると，母親や父親や先生から挨拶を返されるという経験が積み重なったりしてゆくうちに，すべての人にとって，"挨拶することは，大切なことなんだ"というように，一般化されてゆきます。そして，その子どものうちに，挨拶することが習慣として根付いてゆきます。こうして，自己の，過去の経験にもとづいて作られた価値概念が，固定化し，強化されてゆきます。

・価値記号

　ある特定の人物や事物が，自分にとって"望ましい状態になること"を想定している時には，プラスの価値記号を書き入れます。ある特定の人物や事物が，自分にとって"望ましくない状態になること"を想定していた時には，マイナスの記号を書き入れます。価値記号は，通常，評価記号と一致します。

　　（＋）評価記号　→　（＋）価値記号
　　（－）評価記号　→　（－）価値記号

になります。しかし，評価記号と価値記号が一致するということは，理論上のことですので，実感とは必ずしも一致しない場合があります。理論と実感

の食い違いから，新しい発見が生まれる可能性もあるので，各自の実感に照らして取り出してみてください。

・価値概念

　価値概念は，価値記号を手がかりにして，私たちが実現したい"望ましい状態"や私たちが回避したい"望ましくない状態"の内容を"〜〜のこと"という形で取り出し，書き表してゆきます。たとえば，"（＋）A先生から褒められる私"という評価記号と評価像が取り出された，としましょう。評価記号がプラスならば，実感に反しないかぎり，価値記号はプラスになります。そして，価値概念は"A先生から褒められること"になります。

　ただし，ここで取り出す価値概念は，あくまでも自分にとっての価値概念です。一般的には，"冷静であること""計画性があること""正直であること"などは，プラスに感じ，"慌てんぼうであること""ネクラであること""わがままであること"などは，マイナスに感じるのではないでしょうか。

　しかし，価値概念は，いつでも誰にとっても同じように，プラスの価値概念であったりマイナスの価値概念であったりするわけではありません。たとえば，Aさんにとってはプラスである"きちんとしていること"という価値概念が，ずぼらなBさんにとってはマイナスの価値概念になることもあります。Bさんにとっては，"きちんとしていること"が堅苦しく感じられ，マイナスの価値概念になるのです。

　また，同じAさんでも，若いころは"きちんとすること"がプラス価値概念であっても，歳をとって，きちんとすることが息苦しく感じられることもあります。

　さらに言えば，同じ価値概念の内容に対して，プラスの評価とマイナスの評価を同時にしている，ということもあります。たとえば，嘘がつけなかったばかりに窮地に立たされた場合，"嘘がつけないこと"に対して，マイナスの評価をせざるをえません。それゆえ，その価値概念はマイナスになりま

す。しかし，心の奥底では"嘘がつけないこと"をよしとしているかもしれません。その場合には，その同じ価値概念がプラスになります。

4．分析による発見

場面分析が終わったら，一つひとつの分析結果を，ていねいに読み返してゆきます。記述による発見と同様に，気づきを書く時には，まず，気づきの根拠を書いてから気づいた内容を書いてゆきます。読み返す場合に，どのような観点で見ていったらよいのか，ということについて，若干，触れておきましょう。

- 評価像を読み取る時
  (1) 自分は，それぞれの対象に対して，それぞれ，どのようなプラスあるいはマイナスの評価像を抱いていたか？
  (2) この場面において，どのような対象に対して，最も強くはっきりとしたプラス，あるいは，マイナスの評価像を抱いていたか？

- 価値概念を読み取る時
  (1) それぞれの対象に対する評価像の奥には，どのようなプラス，あるいはマイナスの価値概念があったか？
  (2) さまざまな価値概念全体を通して，一貫している価値概念は，なかったか？
  (3) 一貫している価値概念は，どのような時期の，どのような領域における，誰との関わりから生まれてきたものなのか？

5．実例にそって

具体的な記述文を取り上げて，分かりやすく説明してゆきましょう。

- イメージによる評価記号の違い

　記述文　＜あぁ，もう朝なんだ＞

　この文で，"私→私"という関係が取り出されたとしましょう。自分自身に対して，どういうイメージを抱いていたのかを問うてゆきます。もし，"起きたいなぁ"というような気持ちだったとしたら，（＋）のイメージということになります。そして，"起きる私"という評価像が取り出されるでしょう。

　　　私→私　　（＋）起きる私　　（＋）起きること

という書き方になります。もし，"起きなきゃいけない"というような気持ちだったとしたら，（－）のイメージといえます。そして，起きたくないのですから，"起きる私"が（－）になります。

　　　私→私　　（－）起きる私　　（－）起きること

と取り出すことができるでしょう。このように，同じ記述文であっても，実感を問うて，プラスなのか，マイナスなのか，書き表してゆきます。

- 複数の対象関係の評価像

　記述文　＜母は，起こしにきてくれない＞

　この文で，最初に，"私→母"が取り出されたとしましょう。お母さんが起こしにきてくれないと思っているのですから，母親に対するイメージは，（－）になります。そして，評価像は，"起こしてくれない母"となるでしょう。

　　　私→母　　（－）起こしてくれない母　　（－）母が起こしてくれないこと

という書き方になります。次に，他の意識の対象を問うて，"私→私"も出てきたとしましょう。この時，母親に無視されているように感じたとしたら，自分自身の評価も（－）になります。

　　　私→私　　（－）母に無視されている私　　（－）母に無視されること

という書き方ができます。一つの記述文から，複数の対象関係が取り出され

ることは，自己理解を深める上で，大きな意味をもっています。一つ取り出されたら，"他にはないか？"と問いかけて，できるだけたくさんの評価像を取り出しておきましょう。

・同じ対象に対してプラスとマイナスの評価像を抱く場合（その１）
　記述文　＜このりんごを買おう＞
　この記述文で，"りんご"に対して，プラスのイメージとマイナスのイメージを同時に抱くことがあります。通常，私たちは，一つの対象に対して，プラスかマイナスか，いずれかのイメージを抱きます。ところが，一つの対象に対して，プラスとマイナスの両方のイメージを抱く場合もあります。ある対象に対して，"マイナス・イメージが強いけれども，プラス・イメージもある"とか"プラス・イメージが，マイナス・イメージを圧倒している"とか，いうような場合もあるのです。そのような場合には，両方の記号を書いておきましょう。そして，そのプラス・イメージとマイナス・イメージの，それぞれの内容を"評価像"として書き表してみましょう。
　この一個の"りんご"という対象のプラス・イメージの内容を問うと"値段が安い"という答えを引き出すことができ，その反対に，マイナス・イメージの内容を問うと"品物が悪い"という答えを引き出すことができました。このようにプラスとマイナスの両方のイメージを抱く時には，それぞれのイメージの奥に，特定の価値観点があります。価値観点が変われば，違って感じられます。

・同じ対象に対してプラスとマイナスの評価像を抱く場合（その２）
　記述文　＜親子三人で，話が盛り上がっているよな＞
　この記述文から，次のような評価記号と評価像が取り出されたとしましょう。

　　　関係　　　私→母親と二人の娘たち

評価像　　（＋）楽しそうな母親と二人の娘たち
　　評価像　　（－）自己閉鎖的な感じの母親と二人の娘たち
　この記述文の場合も，同一の対象から，プラスとマイナスの両方のイメージを取り出しています。親子三人に対して＜楽しそうでいいなぁ＞という思いと，＜何か，嫌だなぁ＞という思いが含まれています。このマイナスの評価像の奥に，自分が家族と楽しく話をする機会が与えられてないので，心の奥底で＜自分はひとりぼっちだ＞という自己評価不安が潜んでいるのかもしれません。その不安から，相手の値打ちを引き下ろしたいという気持ちが働いて，出てきたマイナス評価像なのかもしれません。親子が楽しそうに話していることに対してうらやましくなり，ケチをつけたくなったのだとしたら，その理由は，何であっても構わないということになります。そこから，その親子三人の楽しげな会話に対して，自己閉鎖的であるというマイナス評価を下したのかもしれません。いずれにしても，矛盾した二つの評価記号が取り出された時に，大事な発見のチャンスになります。

・一般的な価値概念と食い違う場合
　記述文　＜私ばっかり，損しちゃう＞
　この記述文から，次のように評価像と価値概念を取り出したとします。
　　私→妹　　（－）得をする妹　　（－）妹が得をすること
　一般的にいうと，得をすることはプラスです。しかし，実感では，得をする妹に対して腹立たしい思いをもっているのですから，マイナスになります。ただ，単純に損得の問題ではないということになります。このような場合，たいていは，自分と妹を比べて，自己評価していることが多い，と言ってよいでしょう。良い成績をとることは，一般的には，ネウチのあることです。しかし，兄が"成績"というモノサシで弟と比べて，自己評価している場合には，弟が良い成績をとることは，兄にとって，おもしろくないことになります。このような食い違いがある時というのは，大きな発見のチャンスにな

ります。さらに取り出された評価像を見てゆきましょう。

・対自関係と対他関係の表現が食い違う場合（その１）
記述文　＜私ばっかり，損しちゃう＞
　前掲の記述文と同じ心のセリフで，対自関係と対他関係の表現に違いが生まれる場合を考えてみましょう。

　　　　評価像　　私→私　　（－）損をする私
　　　　　　　　　私→妹　　（－）得をする妹
　　　　　　　　　私→母　　（－）私に損をさせる母

　"私→私"の評価像と"私→母"の評価像は，"損をする私"と"私に損をさせる母"で，評価像の表現が一致しています。一方，"私→私"と"私→妹"は，"損をする私"と"得をする妹"というように，評価像の表現が食い違っています。対自の評価像を"損をする私"と取り出したとしたら，対他の評価像は"損をしない妹"と取り出すこともできます。しかし，実感としては，"得をする妹"が，ぴったりなのです。

　このように，色々な評価像が考えられる場合には，実感の方を大事にしてゆきたいと思っています。というのは，感情が許さないという場合があるからです。自分は損ばっかりしていると思っている時に，＜妹は得ばっかりだわ＞と＜妹は，損はしないのよ＞というのとでは違いがあります。"損をしない"という時は，いくらか冷静になっていますから，感情的になっているときにはピッタリこないということになるのです。

　さらに，一般的にみて，得をすることは，良いことです。でも，姉が妹と比べて自己評価している時には，妹が得ばっかりして，自分が損ばかりしていることは，姉にとっては腹立たしいことです。

　社会的な評価と自己中心的な評価には，ずれがある，と言ってよいでしょう。

・対自関係と対他関係の表現が食い違う場合（その２）

記述文　＜あーぁ，気を遣っちゃうなぁ＞

この一文から，次のように取り出された場合を考えてみましょう。

(1)　私→私　　（－）気配りできない私
　　　私→姉　　（＋）気配りできる姉

(2)　私→私　　（＋）人に気兼ねしないで，マイペースで行動できる私
　　　私→姉　　（－）人に気兼ねして，私の行動を妨げる姉

(1)の"気配りできるかできないか"というのは，表現が同じですが，(2)は，表現が違います。でも，この場合も，対自評価像と対他評価像は一つの事柄の裏と表ということになります。自分のことを"気配りできない私"とマイナス評価することと，姉のことを"気配りできる姉"としてプラス評価することは，表裏一体の関係になっています。もし，"人に気兼ねしないで，マイペースで行動できる私"をプラスに評価したとすると，"人に気兼ねして，私の行動を妨げる姉"はマイナス評価することになるのです。

このように，私たちの，自分自身に対する評価の仕方と，他者に対する評価の仕方との間には，深い関連があります。つまり，自分をプラスに評価しているか，マイナスに評価しているかによって，相手に対する評価が決まってくるということになります。たとえば，自分に優越感を抱くと，人に対して軽蔑感を抱き，その反対に，自分に劣等感を抱くと，人に対して羨望感を抱きます。ですから，自己評価から解放された時，相手は相手として見えてくるのです。たとえば，＜あぁ，この人は，こういう生い立ちで，こういう関心があるから，こういう振る舞いをするんだなぁ＞というように，他者を理解することができます。

第4節　関係別分析の段階

　関係別分析の段階では，分析で取り出された評価記号・評価像・価値記号・価値概念を対象関係別に整理してゆきます。やりかたは，基本的に，セルフ・カウンセリングの関係別洞察と同じです。この段階は，関係別分析と，関係別分析による発見に分かれます。

1．関係別分析

　分析用紙に書かれた評価記号・評価像・価値記号・価値概念を，同一の対象ごとに分けて，関係別分析用紙に書き込んでゆきます。同一の対象に対して，どのような評価像や価値概念を抱いていたのかをたどりながら，書き込んでゆきます。もし，途中で，評価像や価値概念の表現を変えたくなった場合は，その旨を書きそえて，新しい表現も加えておきましょう。記号が違っていると感じて，書き直す場合も，もう一つの記号を付け加える場合も，同様に，変更したことと変更した理由を書きとめておきましょう。記号や表現を変えるということは，大きな発見につながる，大事なポイントになります。

2．関係別分析による発見

　記入された関係別分析結果を読み返して，気づいたことを書き入れます。手順は，次のようになります。
　　(1) 対自関係の分析結果を読んで，気づいたことを書く。
　　(2) 対他関係の分析結果を読んで，気づいたことを書く。
　　(3) 対自関係と対他関係の関連について，気づいたことを書く。
　特に，対自関係は，じっくりと読み返してみましょう。自分の評価像は，どのように変化しているか，自分の価値概念は，どのように変化しているか，というように問いかけながら，読み返してみるとよいでしょう。分析の段階

では見えてこなかった，一貫した価値概念が現れてくる可能性もあります。

　ただ，読み返しても，新しい発見が生じてこないこともあります。その場合でも，気づいたことがゆっくりと深まっている可能性があります。この段階では，気づいたことを整理したということで十分です。

第5節　自己評価の試みの読み取りの段階

　自己評価の試みの読み取りの段階では，関係別分析の段階で書き出した"対自関係の価値概念"を構造化し，自己評価の試みを読み取ります。

　自己形成史分析の理論では，人間は"存在受容"という究極的願いをもっていると捉えています。けれども，私たちは自己形成の過程で，他者からさまざまな価値概念にもとづく評価を受けます。そして，その価値概念で自分でも自分を評価するようになってゆきます。さらには，他者をも同じ価値概念で評価するようになってゆきます。そのような過程で，私たちは自分が本来もっている願いを見失ってしまっていると言ってよいかもしれません。

　自分がどのような価値概念をもっており，どのように自己評価してきたのかを自覚することで，自分自身を受容する可能性が生まれます。自己評価の試みの読み取りの段階は，自分がどのような価値概念をもっており，どのように自己評価を試みようとしてきたのかを自覚することで，自己と他者の現実を受容することができるようになることを目指しています。

1．構造化

　構造化とは，多様な表現で書き表された価値概念を，ステップ・バイ・ステップに抽象化して，一つにまとめてゆく段階です。まず，似ている価値概念をグループ分けし，そのグループに共通する価値概念を取り出してゆきます。さらに，グループ同士に共通する価値概念を取り出してゆきます。次第

に，抽象度が高くなって，最終的には，一つの価値概念にまとめることができます。

取り組む順序は次のようになります。
(1) プラスの価値概念の構造化
(2) マイナスの価値概念の構造化
(3) 価値概念の構造化による発見

まとめてゆく過程で，一つ，心に留めておいてほしいことがあります。価値概念の表現の仕方には，積極的表現形態と消極的表現形態があります。私たちは，プラス価値概念（望ましい状態）を追求しようとする方向と，マイナス価値概念（望ましくない状態）を回避しようとする方向をもっています。そのプラスとマイナスの価値概念も，積極的な表現の形態と，消極的な表現の形態に分けられるのです。価値概念の表現の仕方を吟味することで，自分自身の自己評価の形態を，より一層深く理解することができます。分かりやすく，例をあげておきましょう。

　　　プラス価値概念　　　積極的表現形態　　褒められること
　　　　　　　　　　　　　消極的表現形態　　しかられないこと
　　　マイナス価値概念　　積極的表現形態　　しかられること
　　　　　　　　　　　　　消極的表現形態　　褒められないこと

構造化の発見用紙は，次のような手順で読み返して，書き入れてゆきましょう。
(1) プラスの価値概念の構造化を読み返して気づいたこと
(2) マイナスの価値概念の構造化を読み返した気づいたこと
(3) プラスとマイナスの価値概念を見比べて気づいたこと

構造化してゆく過程で，表現が一つにまとまらなかったり，矛盾していると感じられる箇所が出てきた場合も，発見用紙に書きとめておきましょう。

2．読み取り

　自己形成史分析の理論では，私たちは自己の存在価値を肯定的に評価できるようになることを求め，否定的に評価せざるを得なくなることを避けようと試みていると捉えています。このように試みていることを，"自己評価の試み"と呼んでいます。私たちの日常生活の行動の背後には，この自己評価の試みが潜んでいると言ってよいでしょう。この試みを取り出して，形にしたものが，自己評価の試みの読み取り表になります。構造化した自己評価をもとに，自己評価の試みを読み取ってみましょう。

　この読み取り用紙は，5つの項目に分かれています。それぞれの項目に，設問欄がありますので，その問いに対する解答と例証（文番号と記述文）を書き入れてゆきます。

　もし，書き入れられない箇所や，あいまいな解答しかできない場合でも，自分が思っている通りに書いておきましょう。全体を通して読み返すことで，埋まってくることもありますし，あいまいな表現がはっきりした表現に変化してくることもあります。一箇所を書きかえることで，他の箇所を書きかえたくなることもあります。いくつかの読み取り表ができたら，それもとっておきましょう。後から，どうして一つにまとまらなかったのか，見えてくることもあります。

　読み取り表による発見では，この場面において，自分がどのような自己評価をしてきたのか，どのような自己評価の試みをしようとしてきたのか，端的に，文章化してみましょう。そして，自己評価の試みを読み取ることで気づいたことを書きとめておきましょう。もしかしたら，この自己評価が，自己形成史の中で，どのような影響を与えてきたか，現在にどのような影響を与えているか，など，思い当たることが出てくるかもしれません。関連している場面が現れてくる可能性もあります。どのようなことでも，出てきたものは全て，書きとめておきましょう。

さらに，探究の結果全体を論述するとよいでしょう。書き方は，第5章の体験談を参考にしてください。自分の自己評価の仕方や自己評価の試みの仕方が，より一層，はっきりと自覚できるようになります。そして，自分の体験に基づいて，自己形成史分析理論の骨格を理解することが可能になります。

第 5 章 自己評価分析の体験記

　体験記　　自分勝手はいけないというモノサシ
　　　　　──仲間はずれにされた場面を自己評価分析して──

　　　　　　　　　　　　　　　　　　　　　　　　　　　　井野 輝子

□探究場面の選択

　私は，セルフ・カウンセリングをするようになって変わったと思います。イライラが少なくなって，家族からもやさしくなった，と言われています。でも，まだ，自分が嫌になって，気が滅入る時があります。自分勝手をしたと思う時です。私は，"自分勝手はいけない"という，強いモノサシを持っているのだと思います。

　今回，初めての自己評価分析で，弟と口げんかをした時に，「お姉ちゃんは利己主義なんだから」と言われた場面を取り上げました。この場面は，構造化まで進めたところで，訳が判らなくなってしまいました。その記述文の中に，＜あれは，仲間はずれにされたということ＞という心のセリフが表現されていました。そこに目が止まり，私は，何十年振りかで，小学6年生の時，ほんの数分間，仲間はずれにされたことがあったのを思い出しました。仲間はずれにされたなどとは，穏やかでありません。そんな衝撃的な出来事を，すっかり忘れていたというのも不思議なことです。弟との場面は棚上げにして，仲間はずれの場面を探究することにしました。

□場面状況

日　時：1953年（昭和28年）
場　所：6年2組の教室
登場人物：A子ちゃん　B子ちゃん　私　（同級生）
状況説明：社会科で，班に分かれて，地図の勉強をしていました。私たちは，仲良しの3人で班を作り，九州地方を調べました。
　　　　場面の前日，模造紙に地図を書きました。その地図の書き方について，私と他の二人の間で意見が食い違いました。私は「本物の地図は横において，書き写すのがいい」と言いました。二人は「他の班でもしているのだから，本地図を下敷きにして，なぞって，書き写すのがいい」といいました。私は「二人の言うやり方は，ずるいやり方だからいけない」と主張しました。そして，自分のやり方で書き始めました。二人は，もう何も言いませんでしたけれど，仕上がってから，他の班の地図を，じっと見ていました。
　　　　授業が終わって，三人は，一緒に家に帰りました。
　　　　次の朝，私が，登校して，教室に入ったとき，二人は，班の机の前に，並んで立っていました。

□場面記述

A子ちゃんとB子ちゃんは机の前に立っていた。
　私は「おはよう」と言った。
　私は地図を見た。
　私は＜これは，きのう，私たちが書いた地図ではない。本地図を下敷きにして，なぞり書きした地図だわ。二人が書き直したんだわ。きのうは三人一緒に仲良く下校したのに，あの後で二人はまた学校に戻って，これを書き直したんだわ。私に内緒で，二人だ

けで書いたんだわ。それって，私が仲間はずれにされたって事でしょ。そうか，きのうの私は，二人の意見を全然聞こうとしなかった。だから，仲間はずれにされたんだ。私が悪かったんだわ。今度は，二人の意見をちゃんと聞こう＞と思った。
二人は私を見ていた。
　　　私は＜二人はだまってじっと私の様子を見ている。二人だって私に黙って書き直したのは悪かったと思ってるんだわ。きのうは，意見を押し付けた私が悪かった。でも，二人だって，黙って書き直したのは悪いよ。だから，おあいこね＞と思った。
　　　私は「次は色塗りだね」と言った。

□ショックを受けた直後の気持ち
　＜それって，私が仲間はずれにされたって事でしょ＞の文の所で，私は強いショックを受けたのだ，ということはすぐ分かりました。この文の自己評価分析では，評価像の記号が，2倍のマイナス記号になっています。ここに，大きな自己評価不安があり，自己評価の危機にあったのがはっきりしました。
　しかし，その直後に，私は＜きのうの私は，二人の意見を全然聞こうとしなかった。だから，仲間はずれにされたんだ＞と反省しています。この文から，評価像の記号がプラスに変わっています。そして，プラス記号が，最後まで続いています。場面の後半は，肯定的に自己評価しているのが分かりました。
　セルフ・カウンセリングの理論では，"私たちは，自分の存在価値を肯定したい，少なくとも否定したくない，という自己評価欲求が潜在している"とあります。私の自己評価分析の記号は，そのことを如実に表していました。

□自己評価の試みを読み取る
　この場面で，新しい地図を見るまで，私は，仲良しの友達がいる，という

ことで自分を肯定的に評価していました。二人が私に内緒で地図を書き直したと気づいた時，私は仲間はずれにされたのだと感じ，否定的に自己評価せざるをえなくなりました。直後に，自己評価不安を回避したいという欲求が生まれました。

　ほとんど同時に，否定的自己評価を回避するための充足策を考えました。まず，＜きのうの自分は，自己主張をしすぎた＞と思いました。自分勝手で悪かったという反省をしたのです。そして，＜二人の意見をちゃんと聞こう＞と考えました。ということは，きのう，自分の主張を押し通して書いた地図は放棄して，二人が書いた地図を採用するということです。それが，仲間はずれを解かれるための方策だと考えたのです。

　途中で，私は，二人が私の出方を気にしているように感じました。その時，少し，余裕が生まれました。私は＜私も悪かったけど，二人も悪かったのだから，おあいこだわ＞と考えました。二人の書いた地図を使うことで，自分も相手も責めなくてすむような選択をしました。

　そして，私は，それを実行しました。私は「次は色塗りだね」とだけ言いました。この結果，仲間はずれは，解消されました。三人は元の仲良しに戻り，社会科のグループ研究は，何事もなかったかのように進められました。

□**新たな自己像の出現**

　私は，自己評価を守るために，どのように心を砕いていたか，読み取ることができました。しかし，自己評価の試みについて，はっきりと理解できたわけではありませんでした。自己評価の読み取りの課題の最後に，"このような自己評価を守る充足策をとったことで，その後，どのような自己像をもち，どのような結果を引き起こしたか？"という設問がありました。この設問の意味がよく分かりませんでした。けれど，自分勝手をしたので，仲間はずれになった，と私は考えていたのですから，この場面以降，自分勝手な私というマイナスの自己像を持つようになった，という答が出てきました。

この当時，私は，母から，「自分勝手はだめよ」とよく言われていました。けれど，この場面以前は，とくに気にしてはいなかったと思います。この場面によって，"自分勝手な私"という自己像をはっきり持つようになったのでしょう。そして，自分勝手なことは，避けるべき価値概念として自分の中に，取り入れたのだと思います。
　次に，どのような結果を引き起こしたかを考えました。このときの自分勝手というのは，自分の主張をごり押しして，友達の意見を聞かないことです。自分勝手，自己主張，という言葉をなぞって，考えをめぐらせてみました。そうしているうち，私は，幼い娘に対して，自分勝手な子，自己主張の強い子，というイメージを持っていたことを思い出しました。その自己主張の強さを矯正しようとしていたことも思い出して，ハッとしました。

● 私の子育て
　私は，子育て時代，協調性のある子に育てる，ということをモットーにしていました。ときには，何で協調性が大切なのか，不思議に思うこともありましたが，深くは考えませんでした。ただ，人間，協調性がなくてはいけない，という強い思いだけがありました。協調性さえ躾けられれば，母として私の役目は果たせる，という気持ちでした。

● 娘との間で繰り返されたエピソード
　娘は，友達と，言い争いをして，腹立ちのまま帰宅することが，よくありました。そして，私に相手の非を夢中で訴えました。そんな時，私は，娘の訴えを聞くことができませんでした。ただ，「あなたが，自分の意見ばかり言い張ったんじゃないの。友達の意見はよく聞かなくちゃ」と諭すのが常でした。
　このエピソードでも分かるように，私の協調性の中身は，"自己主張はほどほどに，意見がぶつかった時は，自分の意見は引っ込めて，相手の意見を

聞くこと"というものだったのです。お互いに、話し合いをして、協調するということではありませんでした。仲間はずれの場面の解決策が、そのまま子育てに、反映されていたのに気づいて、本当に驚きました。

　私は、娘に対して、同じ対応を繰り返しました。娘は、外であったことを、訴えなくなりました。娘は、いつも、いつも、母親の私から否定され続けて、話すのがいやになったのでしょう。気がついたら、私は、娘の行動を理解できなくなっていました。私は、娘の気持ちを分かりたい、娘と心の交流がしたい、と悩むようになりました。悩んでいたときに、セルフ・カウンセリングに出会ったのです。

　□もうひとつの発見
　仲間はずれの場面が、私の子育てにまで影響を与えたことを発見して、私は＜これで探究は終わった＞と思いました。何度か、この発見について話す機会がありました。ある時、「井野さんが悪かったと、私は思わないけど」という言葉を耳にしました。私は＜私が悪かったのは、誰が見てもはっきりしてるのに、変なことを言うのね＞と思い、その意味を考えようとはしませんでした。

　しばらくして、私が悪くないってどういうことなのか、気にかかり始めました。＜私が悪いと反省したのは、ただの自己評価の試みだったのだろうか＞という思いが、チラッと、頭を掠めました。自己評価の試みをしないということは、ありのままを受けとめるということです。だとすると、私が悪いというのは、事実ではなくて、自己評価の試みだったのかもしれない、と思ったのです。

　＜仲間はずれにされた＞と感じた時、私は、一人ぽっちの寂しさを一瞬感じました。あの寂しさを、よく味わってみようと、思いました。記述の心のセリフをつぶやきながら、寂しさを心に浮かべてみました。胸がキューンと

締め付けられて，恐怖心まで襲ってきました。お腹に力を入れて，耐えようとすると，背中が痛くなり，胸がどきどきしてきました。これは堪らない，と思いました。寂しさを受けとめるより，私が悪かった，と反省する方が，どんなに楽か，身にしみました。

　そうなのです。私は，辛い感情を味わって，仲間はずれにされたことを，受けとめるのを回避したいがために，自分が悪かったと反省したのです。自己評価の試み，ということが，やっと分かりました。

□最後に
　この場面の時，私は，自分が悪かったと反省することで，辛い感情を瞬時に避けることに，成功しました。そこから，自分が悪かったと反省することは，追及すべき価値概念として，自分の中に取り入れてきました。私は，今，このやり方で生きている，と思いました。私は，すぐ，自分が悪かったと，反省する癖があります。反省という手段で，自己評価不安を味わうことを避けてきたのです。さらに，自分の値打ちを否定しないために，自分が悪かったと反省できる自分を持ち出してきて，自分の存在価値を守ることもしてきました。自己評価不安に陥るたびに，自分が悪いということになるのですから，自分勝手な自分像は，ますます，膨らんでいってしまいます。私自ら，自分勝手な自分像を大きくしてきた，といっていいでしょう。

　ここまで，探究を進めてきて，肩の力が抜けていく感じがしました。

　今回の自己評価分析で，モノサシを自分の価値概念として取り込む仕方や，自己評価の試みの仕方を発見することができました。途中で苦しい思いもしましたけれど，自己評価分析は，面白い，と思いました。

> 体験記

論文発表をためらわせた私の自己評価

桝岡 利昭

□研究動機

　私は，昭和49年4月から，高等学校の事務職員として勤務しています。私は，積極的に，事務職員の研究会に参加していました。平成2年1月，地区の研究発表大会が開催され，私は代表の一人として発表しました。大会終了後，役員，理事が会議室に集合して，その年の7月に開催される全国大会の発表者を決めることになりました。

　発表者の候補として，私の名前もあがりました。でも，私は辞退しました。全国大会で発表したい気持ちがあったのに，なぜ辞退したのか，自分でも疑問です。発表したい気持ちと，発表する気になれなかった気持ちが葛藤していたように思います。発表しなかったのは，自信がなかったからなのか，別の理由があったのか，別の理由があったとすれば，それは何だったのか，自己評価分析をして，自己理解を深めたいと思いました。

　この場面の背景には，それまでの研究会のあり方が関わっていました。昭和60年頃から，私を含めた若手10数名が，研究会を活性化させたい，研究会を魅力あるものにしたいと思うようになりました。そのためには，「副会長に，若手会員を登用してもらうことが必要」という意見がまとまりました。副会長として送り込む候補者として，私の名前があがりました。しかし，年配者の中には，「桝岡さんでは若すぎる，会の中での実績はほとんどなく副会長は無理だろう」という声も多くありました。そこで，経過措置として，私たちは積極的に，地区の理事になるという手段をとりました。そして，それまで年2回開かれていた総会を年1回とし，毎年1回研究発表大会を開催する，など会則の改正に取り組みました。

第5章　自己評価分析の体験記

□**場面説明**

日　　時：平成2年1月30日　16時30分頃
場　　所：高校の会議室
登場人物：O副会長（51歳）　T君（34歳）　S君（33歳）　N君（35歳）
　　　　　A君（38歳）　K君（30歳）　私（34歳）
状況説明：地区の研究発表大会が終了し，役員，理事が会議室に集合して，7月の全国大会の発表者の選出にあたりました。

□**場面記述**

O副会長は「今日の発表の中で，全国大会で発表するものある？」と言った。
　　私は＜O副会長は私の発表を認めてくれるかな？　自分の発表は内容として悪くない。全国大会で発表してみたいな。全国大会の発表者の候補になれるといいな。『私でよかったら発表します』って手をあげようかな＞と思った。
N君は「S君は話術がうまい。聞いている人をあきさせない。S君の発表がいいと思います」と言った。
　　私は＜S君は，確かに話し方はうまい。話し方だけは，会員の中で右に出る人はいない。しかし，うまいだけに話し方に酔うところがある。それに内容が今一だな。どこにポイントを置いているのかわからない。全国大会の発表にはふさわしくない＞と思った。
O副会長は「S君の名前があがりました。他はいかがでしょうか？」と言った。
　　私は＜A君の発表は細かくデータをまとめてある。全体的に申し分がない。しかし，全国へ向けてとなるとどうかな？　全国共通の部分がちょっと弱いかな？　K君の発表もいい。けど，恥

ずかしがり屋のK君は断るだろう。あとの人の発表は全国では無理だ。『私がやります』って言おうかな＞と思った。

T君は「桝岡さんの発表は，全国向けでいいと思うけど」と言った。

私は＜T君は私の発表を認めてくれたんだ。日頃から親しくしているからかな？　それとも，冷やかし半分だろうか？　でも，少しばかり嬉しい。全国大会で発表してみようかな？　しかし，経験もないし，ちょっぴり自信もない。T君の他に私の名をあげている人はいない。他の人は，どう見ているのだろう？　O副会長から『桝岡さん，発表して』って言ってほしいな＞と思った。

O副会長は「桝岡さん，発表していただけますか？　内容的にはおもしろいですね。もっとも，引用文ははっきりさせておく必要がありますけれどもね」と言った。

私は＜厳しい指摘をされた。引用文をはっきりさせることは，私だってわかっている。O副会長は，私でいいと思っているのかな？　本音を知りたい。いつも，はっきりと物を言わない人だ。『もっとも，引用文ははっきりさせておく必要がありますけれどもね』の言葉に何か含みがありそうだ。何だろう？『桝岡さん，まだ若いよ。副会長は早いよ』という意味かな？　私は副会長になりたいから地区で発表したのではない。自分の経験と思って発表したのだ。そこのところを誤解しないでほしい。それとも，発表内容が全国では無理だよということかな？　それに内容が乏しいなら，乏しいとはっきり言えばいいのに。O副会長は，私の発表を認めてくれない。O副会長は人を見る目がない。これでは全国大会で発表することはできない。もう取り組みたくない＞と思った。

私は「他の人にしてください」と言った。

□発表内容に対する不安

　私は，記述の心のセリフの中で，仲間の発表のネウチを，ことごとく引き下げていました。＜S君は，話し方がうまいだけに，話し方に酔うところがある。内容が今一だ。どこにポイントを置いているのかわからない＞，＜A君は，細かくデータをまとめてあって，全体的に申し分がない。しかし，全国共通の部分がちょっと弱い＞，＜恥ずかしがり屋のK君は断るだろう＞，そして，＜あとの人の発表は全国では無理だ＞というように，欠点を取り出していました。

　自分が全国大会で発表するのにふさわしいと思いたいために，私は，無理やり仲間の発表のネウチを引き下げたかったんだろうということに気づきました。それだけ，私は，全国大会に出たいという思いを，強く持っていたのです。もし，自分が最初から全国大会で発表する気持ちがなければ，他の人の評価を下げる必要はなかったはずです。私にとって，全国大会での発表というのは，それほどの重みを持っていたのです。

　なぜ，私は，仲間の発表のネウチを引き下げたかったのだろうか，と考えてみました。それは，自分の発表が，全国大会にふさわしいとは言い切れないという思いをひそかに持っていたからです。私が，自分の発表に対して，はっきりと，全国大会にふさわしいと思えていれば，仲間の発表のネウチを引き下げる必要はなかったはずです。

　私の自信の無さは，T君が私の発表を認めてくれた時にも出てきました。＜日頃から親しくしているからかな？　それとも，冷やかし半分だろうか？＞と，言葉通りに受け取れなかったのです。

□O副会長の評価

　私は，文章の中で引用をする場合には，出所をはっきりさせなければならないことは知っていました。たまたま，この時の発表の中には，ある論文から引用した文があったのですが，それをはっきりさせなかったのは，私にと

って痛いミスでした。O副会長から，その痛い所を指摘されたために，私は自己評価不安に陥り，冷静さを失ってしまったのです。その不安から，私はO副会長の「引用文ははっきりさせておく必要がありますけどね」の言葉を，自分に対する全面的なマイナス評価だとカン違いしてしまったのです。＜O副会長は，私の発表を認めてくれない＞と思い込み，＜O副会長は，私の発表内容では，全国大会は無理だと言っている＞と決めつけ，内心では発表したいと強く思っていたにもかかわらず，自分から発表を下りる道を選ぶことになってしまったのです。

　ここからも，自分の発表内容に自信を持てなかった自分が見えてきました。私は，自分の発表内容を，全国大会にふさわしいと思いたかったけれども，不安を感じていたのです。そこで，私は，他者のお墨付きをもらって，自信をつけたかったのだと思います。ですが，実際は，自分が思ったような方向には展開しませんでした。私は＜O副会長には認めてもらえない。T君以外の人からも認めてもらえない＞と感じて，自分で自分をマイナスに評価せざるをえなくなってしまったのです。これ以上，自分で自分をマイナスに評価しなくてすむように，自分から下りるという選択をして，自分のネウチを守ったということが見えてきました。

　この時，ひと言「引用文は，はっきりさせます」と言えば，それで全てが終わっていたのではないかと，今では，思っています。

□自己評価の試み

　自己評価不安に陥った私は，自分のネウチを守るために，さまざまな試みをしています。まず，O副会長の価値を引き下げて，相対的に自分の価値を上げる操作をしました。＜いつも，はっきりと物を言わない人だ＞，＜それに内容が乏しいなら，乏しいとはっきり言えばいいのに＞，＜O副会長は人を見る目がない＞などです。さらに，＜O副会長の言葉には，何か含みがありそうだ＞とまで思っていました。私は，＜以前に，若手の仲間から

副会長に推薦されたことを，O副会長は不快に感じているんだ。『桝岡さん，まだ若いよ。副会長は早いよ』という意味を込めて，私の論文を否定しているんだ＞とまで思ったのです。＜私は副会長になりたいから地区で発表したのではない。自分の経験と思って発表したのだ。そこのところを誤解しないでほしい＞という心のセリフからは，O副会長が誤解をしなければ自分が否定されることはなかったかもしれないと考えていた自分が見えてきました。

　それほど，O副会長の言葉には重みがあったのです。O副会長の評価イコール自分の評価につながっていたことがわかりました。他者の評価で自分を評価していることが，明確になってきました。自己評価の試みをしていたことが，一段と自覚できました。

□もう一つの自己評価の試み

　私は，この場面における自己評価の試みだけでは，自分に対するマイナス評価を払拭できませんでした。その後も，＜今年の全国大会での発表が無理でも，来年がある＞，＜学校事務誌に掲載してもらうという方法もある＞など，自己評価を守るための方策を，さまざまに，考えました。学校事務誌に掲載してもらうという方策は，実際に叶いました。そのままの内容で掲載された論文は，全国の会員からも共感を寄せられました。

　私は，自分の価値を肯定的に評価し直すこともできたはずです。しかし，この場面に対しては"思い出したくない，触りたくもない古傷"という感覚が残り続けました。どうしてなのだろうか，とその訳を考えていて，"発表内容に自信のない私"という自己評価像のところに目が止まりました。もし，発表内容に自信が持てたとしたら，私はどのような自己評価を持てたのだろうか，という疑問が，私のうちに生まれました。私は，全国大会で発表することで，仲間のみんなよりも自分が優れていると自己評価することができたのではないかと思いました。

　自分が他者より優れているかどうか，という自己評価の試みは，他者準拠

型・他者模倣型・他者競争型という三つの類型の中の他者競争型の自己評価の試みになります。この場面を，他者競争型の自己評価の試みをした場面と捉えることができて，全体がすっきりと収まったように感じました。今，この場面を端的に説明するとしたら，次のように言えると思います。

　私は，他者競争型の自己評価で自分を肯定していた。
　仲間よりも優れていたいと思い，全国大会で発表したかった。
　発表内容に自信がなかった私は，O副会長の保証をほしいと思った。
　私は，O副会長に準拠していたので，O副会長の些細な否定の言葉を，私に対する全面的否定と思い込んだ。
　自己評価不安に陥った私は，自分から発表を取りやめるという方策をとった。
　その後，学校事務誌に掲載してもらうという方策もとったが，"全国大会で発表できなかった私"というマイナスの自己評価は，解消されなかった。

　探究を終えて，自己評価不安に陥った時には，どのような自己評価の試みをしても，本当の意味では落ち着けないことが分かりました。15年以上も抱えてきたしこりが，やっと消えました。

> 体験記　父から恩を着せられたと思い続けた私

新井　さくら

□なぜ，父を嫌いと思っていたのか

　昨年，父の17回忌を済ませました。一人っ子の私は父が好きではありませんでした。ですから，セルフ・カウンセリングを学び始めても，意識的に父との場面に取り組むことは避けてきました。なぜ父が嫌いだったのか考えてみました。よく怒る父が嫌いだったのか，細かい事を言う父が嫌いだったのか，あれこれ考えてみました。どれも私が納得できる答えではありませんでした。

　私には，以前から理解できずに，ずっと心に引っかかっていた父の言葉がありました。そこで，初めて，父との場面に取り組んでみました。セルフ・カウンセリングの中級プログラムと自己評価分析で探究し，父の言葉に対する私の思いを，何度も再記述しました。

　父は，私が3歳の頃に結核にかかりました。父の入院は，私が小学1年生くらいまで続きました。1年生の終わり頃，結核療養所から退院してきた父は，しばらく家で静養した後，会社を立ち上げました。母は家事の傍ら，父の会社を手伝いました。

　父は，結核にかかったために，肺活量が健常な人の半分しかありませんでした。体力的に弱かった父は，冬になると，気管支を痛め，風邪を引いては，喘息のような咳をしてよく寝こみました。夏になると，今度は夏の暑さに負けて，よく寝こんでいました。取り組んだ場面の時期は，私が小学4年生の頃と推察すると，父の会社は，軌道に乗った頃だったのかもしれないと思います。

□場面状況

研究動機：小学生だった私は，父の言葉を聞いて自己評価不安に陥りました。その時の不安な思いを探求したいと思いました。
日　時：小学校4年生の頃。時間は夜です。
場　所：自宅兼事務所
登場人物：父（30歳後半）　母（30歳前半）　私（小学4年生の頃）
状況説明：父の会社の従業員の人達が帰った後，父と母は仕事を続けていました。
　　　　　父は，その場にいた私に話しかけて来ました。

□場面記述

父は「お父さんがまじめに働いているから，さくらは，吉井の家の子として見てもらえるんだよ」と言った。
　私は＜嫌な感じだなあ。お父さんが真面目に仕事をしているから，私はこの家の子として認められるんだなんて。なんて恩着せがましいんだろう。そんな言い方しなくたって良いのに＞と思った。

□父から，ありのままの私を認めて欲しかった

　この場面で，私は，父から言われた言葉の意味が，良く理解できず，自己評価不安に陥りました。そこで，私は，子どもが理解できない事を言う父を非難することで，自分の値打ちを守りました。私は，父を非難しながら，ある解釈をしました。それは，"私は父から恩を着せられた。子どもの私はその恩をどのように，父に返してよいのか分からない。子どもが返せないような恩を着せてはいけない"というものでした。
　なぜ，この時の私が，父から恩を着せられたと思ったのか分かりませんでした。けれど，私が親になったら，子どもに恩を着せるような事はしないと，子ども心に固く決心した場面でした。

第5章　自己評価分析の体験記

　私はセルフ・カウンセリングの中級プログラムに従って探求を進めて行きました。場面に取り組む中で，父が真面目であっても，そうでなくても，私を条件付で吉井の家の子として認めるのではなく，無条件的にありのままの私を認めて欲しいという，子どもの頃の切ない思いを味わう事ができました。
　その後，私は，この場面を何度か，自己評価分析で取り組んでみました。記述を書き直す度に，私の心は少しずつ解放されて行きました。けれど，書き直した記述の何処かに，まだ表現し切れていない思いが，残っているように感じました。そしてやっと，子どもの頃の，私の思いに近づいたと感じられる心のセリフを表現する事ができました。
それが，次の記述です。

□**書き直した記述**
父は「お父さんが真面目に働いているから，さくらは，吉井の家の子として見てもらえるんだよ」と言った。
　　私は＜お父さんが真面目に働いているから，私は吉井の家の子なの？　お父さんは真面目に働いているんじゃないの？　私は吉井の家の子じゃないの？　そんな当たり前の事をどうして言うの？　そんな当たり前の事，言わなくたって分かるじゃない。さくらは，吉井の家の子として見てもらえるって，どういう事なの？　どうしてお父さんがこんな事を言うのか分からない。お父さんは真面目に働いていると思うけれど。でもお母さんの方が，お父さんよりたくさん真面目に働いている。お父さんが夏の暑さで，体力負けして寝こんだ時も，冬に風邪を引いて，寝こんだ時も，年末の忙しい時に，お父さんが先に寝ても，お母さんはお父さんの分まで働いている。お父さんだけが，真面目に働いている訳じゃない。お母さんの方がお父さんよりたくさん働いている。どうしてお父さんは，自分だけが真面目に働いている

って言うのかなあ。お母さんの方がずっと真面目に働いていると思う。お父さんが私の事を，吉井の家の子として見てもらえるなんて言わないで欲しい。見てもらえなくても，見てもらわなくても，私は吉井の家の子だもん。まわりの人からも，私はお母さんに良く似ていると言われるから，私は吉井の家の子だもん。お父さんは，自分が真面目に働いているって言うけれど，お母さんも真面目に働いているって言って欲しい。さくらは，吉井の家の子として見てもらえるって言うけれど，さくらは，吉井の家の子だって言って欲しい。子どもの私に分かるように，はっきり言ってくれないと，私には分からない。何かにこじつけて，恩を着せられるような話ならもう聞きたくない＞と思った。

□母に似ていることが支えだった

＜まわりの人からも，私はお母さんに良く似ていると言われるから，私は吉井の家の子だもん＞　この心のセリフを表現できた時，私の心の中に大きな変化が起きました。この心のセリフを表現しながら，なぜか，胸に迫るものがありました。とても悲しい気持ちになり，声をあげて泣きたくなりました。実際に声を上げる事はありませんでしたが，しばらく，ハンカチに目を当てたまま泣きました。

セルフ・カウンセリングを学び始めて，こんなに心から泣いたのは初めての経験でした。泣き終えて，少し落ち着いてから，この心のセリフに思いを巡らせてみました。この心のセリフは，この場面の私にとって，とても重大な意味があるように思いました。

小学生の頃の私は，母が買い物に出かける時，よく一緒についてゆきました。買い物先の魚屋さんや八百屋さんの，おじさんやおばさんから，「お母さんに良く似ているわねえ。親子っていうより姉妹みたいね」と，よく言わ

れました。私は，お世辞を言ってくれる人の顔と，嬉しそうに笑っている母の顔を見ながら，＜私は，お母さんの妹じゃないもん。私は，お母さんの娘だもん＞と不満な思いを抱いたことを思い出しました。

＜まわりの人からも，私はお母さんに似ているって言われるから，私は吉井の家の子だもん＞の心のセリフを読み返した時，私は，この心のセリフを声に出して，父に言いたかったのかもしれないと気づきました。"母に似ている私＝母の子＝父の子＝吉井の家の子。だから私は吉井の家の子"と，母に似ている事を支えにして，自分で自分を支えていたのかもしれないと思いました。

□父を嫌いと思った理由がわかった

　自己評価分析による探究で，父に対する私の思いを，深く見つめました。そして，私が父を嫌いと思った理由が分かってきました。

　父に対する，私の評価像は，マイナスのものばかりでした。
　　自分だけが真面目に働いていると言う父
　　冬も夏も寝こむ父
　　母に負担をかける父
　一方で，母に対しては，
　　父より真面目に働く母
と，プラスに取り出されました。その中に，1つだけ，
　　父の分まで働く母
がマイナス評価像として取り出してありました。

　取り出された分析結果から，私が父を嫌いと思っていた訳が見えてきました。体力のない父が風邪を引くのは仕方がない事。夏の暑さに負けて寝こむのも仕方がない事。でも，その父のために，父の分まで働く母が心配だったのです。ですから夏でも，冬でも父が寝込む事で，1年中，母の仕事の量が増える事が心配であり，母に負担をかける父を嫌っていたんだなあと思いま

した。母に負担をかけておきながら，自分一人だけ真面目に働いていると言う父が嫌いだったんだなあと気づきました。

　自己評価分析で，なぜ，私が父を嫌っていたのかが分かってくると，一人っ子だった私は，母に甘える事ができなかったのかもしれないと思えてきました。私が母に甘える事は，父の分まで働いている母に，今以上の負担を強いる事になると，子ども心に思ったのかもしれません。その裏には，父が母に負担をかけなければ，私が母に甘えられるのにという思いも，あったように感じました。そう思えてくると，私が一番強くもちつづけている規範も理解がつくように思いました。私が一番強く規範として持っているモノサシは，"自分の事は自分でやる"という事でした。母に甘える事を無自覚的に躊躇していた私は，自分の事は自分でやることで，自分自身をプラスに評価していました。ということは，自分の事は自分でやっていることを，母に認めてほしかったのではないかと思いました。ですから，私の自己評価の保証人である母に，負担をかける父を嫌うことになったわけです。幼い頃の私は，本当に心底，母に甘えたかったんだなあとしみじみ思いました。

□根源的な自己評価不安に気づいた

　父を嫌っていた私の思いを，受け入れる事ができると，今度は，私はなぜこの同じ場面を何度も探求したのだろうか，どうしてこの場面にこだわったのだろうと，新たな疑問が湧いてきました。この場面を探求しようと思った発端は，父の言葉から，恩を着せられたと感じ，自己評価不安に陥った自分を理解したいということでした。自己評価分析をしたことで，この自己評価不安の奥には，＜私は吉井の家の子なの？　そうでないの？　そうでないとしたら，何処の家の子なの？＞という思いがあったことに気づきました。この思いは，私にとっては，最も根源的な，私の存在価値に関する，自己評価不安でした。

　一人っ子で育った私は，人並みの生活をしていたと思います。けれど，そ

第5章　自己評価分析の体験記

の当時，私は上野に住んでいましたので，上野駅の構内や，地下鉄の通路で，多くの浮浪者や浮浪児の姿を見かけました。また街に出れば，傷痍軍人がアコーディオンの演奏をして，お金を恵んでもらっている姿も多く目にする時代でした。さらに，父が私をからかって，さくらは，橋の下から拾ってきたとか，上野の山から拾ってきたと言っていた言葉まで思い出していました。ですから，この場面の時の私は，父の言葉を理解できずに，＜本当に私は吉井の家の子なのだろうか。どこかの貧しい家から貰われてきたのではないだろうか。もしかすると浮浪児だったのかもしれない。吉井の家の子でないとしたら，本当は何処の家の子なの＞という強い自己評価不安に襲われたのです。この心のセリフは，子どもだった私にとって，考える事すら恐ろしいものだったと思います。心の奥底に沈めるように隠してきたとしたら，探究して心のセリフに表現しようとしても，そんなに簡単には出てこなかったのも当然です。安心して，心のセリフが表現できるようになるまでの時間が必要だったので，何度も同じ場面に取り組むことになったことが分かりました。

□探究を終えてからの変化

今までバラバラになっていた点と点が，ここでやっと1本の線になりました。吉井の家の子だと無自覚的に思っていた私。父から，もしかしたら吉井の家の子でないかもしれないという恐怖を与えられた私。それ以前から，本当は心底，母に甘えたかった私。父が母に負担をかけるため，母に甘えたい気持ちを，躊躇していた私。そのような思いが一緒になって，父をマイナスにとらえることになっていました。今まで理由が分かりませんでしたが，父を嫌いと思った原点が，この場面だったのかもしれないと気づきました。

"恩を着せるのは良くないこと"というモノサシのルーツが見えてきた頃，子どもたちとの関わりに，変化が現れました。私は，特に，子どもに恩を着せてはいけないというモノサシが強くあり，経済的に負担を感じても，「大変なのよ」と伝えることができませんでした。ですから，自分の限度を越え

そうになった時には，強い葛藤を引き起こすことになりました。恩は着せてないつもりでしたが，多分，それ以上に，嫌な気分にさせていたかもしれません。それが，今では，自分の側の事情を，きちんと伝えられ，気持ちよく我慢してもらえるようになりました。私の自己評価を理解することが，家族の関わりまで変えることになったことに，嬉しい驚きを感じています。

第5章　自己評価分析の体験記

　体験記　　　　　モノサシからの解放
　　　　　　　——ガンの不安を抱える中で——

　　　　　　　　　　　　　　　　　　　　　勝田　かんな

□場面に取り組むまで

　私は，2005年1月27日，ガンの定期検診を受けました。5年前，婦人科でグレーゾーンと言われて以来，ガン研病院で診察を受けています。この日の検診を受けるまでは，何もなかったので，＜グレーゾーンとはいえ，大したことないんだわ＞というような気持ちになっていました。

　この日の検査は，とても痛いと感じました。検査が終わった後，先生から「ガンだといけないから，組織を何カ所もとりました。結果を必ず聞きにきてください」と言われました。さらに「外来では，痛くて，これ以上の検査はできないので，検査入院ということもあります」とも言われました。

　病院を出て，駅に着いた時，涙が出てきました。家に帰ると，ドッと疲れを感じました。娘にメールで「入院になったら，犬の散歩を頼まなければならない」と伝えました。夜，気持ちが，どんどん落ち込んでいきました。寝ようとすると，涙が出てきて，いろいろな思いが，次々に浮かんできました。

　2月4日，結果を聞きに行って，さらに詳しい検査をするために，入院することが決まりました。ベッドの空き具合など，日程の調整をしている間には，熱が出たりして体が厳しい状態にもなりました。

　そんな中で，私は自分の気持ちを，心のセリフとして書き表しました。ただ，思いを書き連ねるだけでしたが，ちょっとした発見があったり，疑問を先生に尋ねたりしているうちに，少し落ち着いてきました。落ち着きたいという気持ちに後押しされるように，私は自己探究を続けてゆきました。

□自分の思いを書きなぐって気づいたこと

　最初は，混乱した気持ちを，記述用紙の自分欄だけを使って，心のセリフとして書いてゆきました。その心のセリフの中に，＜ガンになりたくない。でも，ガンなら切るほかない。早期発見のために，検査に通っていたのだもの。今までのように不安を抱えてゆくことを考えれば，サッパリするともいえる。今度のような痛い検査を続けていくのも苦痛だ。……＞という文がありました。私は，手術を受けるのも嫌だけれども，ずーっと検査を続けることも嫌なのだと分かりました。私は，どちらに進んでも，嫌な道しかないという絶望感を味わっていたのだと気づきました。

　＜またか……。何で私は，こんな体なんだろう。情けない。流産ばかり続いていた頃の気持ちに似ている。人間ドックでグレーゾーンが出た時，また婦人科かと思った。……＞という心のセリフからは，以前に体験した入院と重なっていることが見えてきました。

　＜私がガンで入院したら，また，家のことができなくて，皆に迷惑をかける。自分がいないことで，家族に不自由をかけるのは嫌だな。特に，娘にはたくさんのことを頼むことになる。悪いな。犬のことも，どのようにしようか……＞という心のセリフもありました。私は，"自分がやるべきことができない"ということを，とても気にしている自分に気づきました。入院すると，自分一人ではできなくなるので，自己評価不安に陥っているのだろうかと疑問になりました。しばらくして思い出したのが，子どもの頃，一人で目医者さんに行った場面でした。何度も書き直した，最後の記述です。

□場面状況
　日　　時　：昭和34年頃
　場　　所　：自宅とS眼科を出た所
　登場人物：私（10歳位）　母（34歳位）　眼科の人（女性，40代か）
　状況説明：近所の製材所で，木屑が目に入り開けていられなくなりました。

薬局に目薬を買いに行くと,「急いで眼科に行かないと」と言われました。私は,薬局から走って家に帰ってきました。

□場面記述

 私は走って家の中に入った。

 私は＜お母さんがいた。良かった＞と思った。

母は私の方を見た。

 私は＜私,眼科に行ったことないし,どこにあるかも知らない。M薬局で言われたことを伝えれば,お母さんは私を眼科に連れて行ってくれるはず＞と思った。

 私は「M薬局で『これは～眼科に行かないと』と言われた。眼科って,どこにあるの?」と言った。

 私は＜早く,早く,連れて行ってよ。とても目が痛くて,開けていられないんだから。お母さん,連れて行ってくれるよね＞と思った。

 私は「早く,早く！ 目が痛くて,開けていられない」と言った。

母は「S眼科が,北千住の先にあるはずだから,近くに行ったら,人に聞きなさい」と言った。

 私は＜えっ? 私一人で行くの? 一人でなんて行けない。どうしよう。お母さんが来てくれないなんて,どうすればいいのよ！ どこにあるか知らない眼科に行くなんてできない＞と思った。

〰〰〰〰診察を終えて〰〰〰〰

 私は＜涙が出てきそう。眼科の人に『一人で来たの?』って言われた。そしたら,悲しくなっちゃった。一人で来たくなかったのよ。お母さんについてきてもらいたかったのよ。歩くのだって,やっとだった。目を押さえながら,『S眼科って,どこですか』って聞いた。お母さんが『人に聞きなさい』って言ったから,

言う通りにしたよ。一人で心細かったなあ。でもね，一人で頑張ったら，できたんだ。本当に，知らない眼科に，良く来れたものだと思うよ＞と思った。

□ "自分でできること"というモノサシ

　この頃の私を思い出してみると，自分で行動するのが当たり前だったことに気づきました。私は，薬局にも一人で行っていますし，病院にも一人で行こうとしていました。この時，私は"一人で行きたくない""母に側にいてほしい"と思っていたのですが，母には「連れて行って」と頼んでいません。病院の場所を聞いただけでした。母も私に対し，余り心配はしていなくて，「Ｓ眼科があるはず」と伝えるだけで大丈夫と思っていただろうと感じました。

　私は，現在でも，この"自分でできること"というモノサシを，強く持っています。入院しなければならなくなることは，今まで自分でやっていたことができなくなることですから，不安がおこるのは当然だったと思います。手術しなければならないかもと思った時に，真っ先に，犬の散歩が気になった自分を，優しい気持ちで見られるようになりました。

□ 母に連れていってもらいたかった私

　"自分でできること"というモノサシをもっていた私ですが，一方で，"母に連れていってほしい"という欲求を，強くもっていました。"一人で眼科に行ったこと"に対する評価は，プラスとマイナスの，相反するものが取り出されました。私にとって，一人でできることは良いことですが，この場面では，一人で行きたくなかったのです。一人で行きたくなかったのに，一人で行かなければならなくなって，惨めだったことがわかりました。私は，この場面に対して，"一人で眼科に行けた場面"という印象を抱いていましたが，"一人で行きたくなかった場面"になりました。"一人で眼科に行ったこ

と"を,"惨め"と取り出すことができて,落ち着きました。そして,私の自己評価の試みが見えてきました。

"一人で行くこと"に対して,マイナス感を感じていた私は,眼科で「一人で来たの？」と言われ,惨め感を強く感じました。否定的に評価せざるをえなくなった自分を回避するために,私は"一人で来ることができた"と思うことにしたのだと気づきました。＜でもね,一人で頑張ったら,できたんだ。本当に,知らない眼科に,良く来れたものだと思うよ＞という心のセリフは,自分を守るためのやりくりだったことがわかりました。

□母の気持ちを推察して気づいたこと

自分のやりくりが見えてきた後,母にも不安があったのではないかと感じられました。母は眼科にかかったことがなく,場所を知らなかったと思います。S眼科は,以前住んでいた近くの眼科でした。それを思い出して,私に伝えたのだと思います。

母のことを推察していたら,母が6歳の頃の出来事を話してくれたことを思い出しました。母は6歳の時に,3歳の弟を一晩で亡くしています。その時,母は行ったことのない病院に,夜中に一人で走って行ってお医者さんを連れてきたのだそうです。この話を,私は＜お母さんてすごいなあ。一人でできたんだ＞と思って聞きました。私の"一人でできること"というモノサシの背景には,このような自己形成の積み重ねがあったのだと思いました。

□まとめをして

自己評価の構造化をして,私のメインの自己評価不安は"私が母についてきてもらえないこと"と取り出されました。このマイナスの自己評価をプラスにするためのやりくりとして,"一人でできたこと"と思うことにしたのだということが実感になりました。この場面以前にも,私は一人でできるという価値概念をもっていましたが,この場面から,さらに強固さを増したの

だと思います。他の人から見たら，そこまでしなくてもいいと感じられるくらい頑張ってしまうこともありました。自分では気づいていませんでしたが，モノサシにしばられて，不自由になっていたのだなあと思いました。探究を終えた今，"一人でできるもん"と強がって，母に連れてきてもらえなかったという自己評価不安を見ないようにしてきた自分が，いとおしく感じられるようになりました。

□その後の変化

　この探究の途中で，"惨め感"が取り出された頃から，私の中に，変化が現れてきました。それまでは，辛くても，病院には一人で行こうとしていました。主人が心配をしてくれていることには，気づいていませんでした。「会社を休んで，車で連れてゆく」と言われた時には，私の都合も伝えて，私のやり方で，連れていってもらうことができました。お互い，嫌な思いがなくなって，私も主人も安心できました。

　娘に犬の世話を任せることもできました。以前の私は，犬のことを頼まなければならない時には，申し訳ないような気持ちになっていました。入院の前に，「他の人ができることは，そちらに任せて，犬のことだけしてちょうだい。あなたのやり方でしてちょうだい」と頼むと，犬が苦手な娘は，相当考えていましたが，「わかった」と言いました。そして，ほぼ完璧に，犬の世話をしてくれました。ついでに，いろいろな家事まで手伝ってくれました。私は，娘に，全てを任せて，安心して入院生活を送ることができました。

　もう一つ，嬉しい出来事がありました。私が入院中，主人は自分でクリーニング店に行かなければならなくなりました。それまで行ったことがなかったので，おばさんに「今日も，ご主人様ですか？」というようなことを言われて，嫌な思いをしているようでした。私は＜自分で行けるなら，主人に嫌な思いをさせたくない＞と思いました。「おばさんに，いろいろ言われて，嫌なのね。私が入院したことを知らないから，どうしたのかって思っている

のかもしれないわよ」と言いました。すると，主人は，その後もしばらく，クリーニング店に行ってくれました。私が主人の気持ちを汲み取ることによって，続ける気持ちになってくれたんだなと思いました。

　探究をしても，手術そのものの嫌さは，変わりませんでした。しかし，その他のことでは，気持ちが軽くなって，手術にのぞむことができました。自分でも，このような状態の中で自己探究できたことが不思議なのですが，自己探究せざるをえないくらい不安が強かったのだと思います。他にもモノサシがたくさん見えてきていますので，時間が許す限り，探究を続けてゆこうと思っています。

おわりに
────"全現実存在受容"を目指して────

　自己評価分析は，"全現実存在受容"を目ざしています。"全現実存在受容"という言葉は，いったい，何を意味しているのでしょうか？
　それは，"ありのままの現実の自己とありのままの現実の他者を受けとめる"ことを意味しています。自己評価分析をすると，"全現実存在受容"が可能になるのです。ありのままの自分を表現し，理解すると，ありのままの自己の現実を受けとめることができるようになります。すると，ありのままの他者の現実を理解し，受けとめることができるようになります。すると，自己と他者の間に，リアルな，真実の交流が起こります。そこから，自己を活かし，他者を活かすような創造的な知恵が生まれてきます。言いかえると，自由な愛にもとづく創造性が発揮されます。
　自己評価分析によって，"無条件的全現実存在受容"という経験をすると，私たちは，同じ経験をしたいと願い求めるようになります。この願い求めは，通常の，特定の条件で自分を肯定したい，あるいは，否定したくない，という自己評価欲求を超えた願い求めです。端的に言うなら，私たち人間の"究極的願い求め"である，と言うことができるでしょう。
　自己評価分析に取り組むことによって，"私たち人間は，最終的には，自分の現実存在を受容し，他者の現実存在を受容し，本当にリアルな実存的交流の生起することを願っているのだ"ということを実感をもって自覚できるようになります。その切なる願い求めから，私たちは，ひとりでに，自分の現実をも相手の現実をも活かす創造性を発揮できるようになります。その結果，新しい文化的価値や新しい社会的制度や新しい自然環境を生み出すことができるようになります。文化的他者や社会的他者や自然的他者との，新し

い自他交流体験から，世界に対する新しい態度や行動が，ひとりでに生まれてくるのです。あえて言うならば，人間は，この究極的願いに動かされて，世界史を展開してきた，と言うこともできるでしょう。

　自己評価分析は，そのような究極的願い求めにもとづいた"全現実存在受容"を経験する機会を提供することを目的としているのです。

　この本を読んで，自己評価分析に興味をもたれた方は，ぜひ，生涯学習セルフ・カウンセリング学会にご連絡をください。お一人で取り組まれた方は，どのような感想をもたれたのか，お伝えいただきたいと思っています。書き始めたけれど，わからない箇所が出てきた，とか，もっと詳しく知りたい，とか，内容について聞きたいことがある，など，どのようなことでも，お尋ねいただきたいと思っています。

　連絡先は下記の通りです。
　〒215-0003　神奈川県川崎市麻生区高石4-23-15
　生涯学習セルフ・カウンセリング学会
　TEL　044-966-0485（受付：月曜日～金曜日　10:00～17:00）
　FAX　044-954-3516（受付：24時間）
　電子メール アドレス　info@self-c.net
　ホームページ　http://www.self-c.net

　NPO法人　セルフ・カウンセリング普及協会
　ホームページ　http://www.self-c.net/ADSC/index.html

『セルフ・カウンセリング』の理論と方法は，正しく継承，伝達されるために，商標登録されています。

〈著者紹介〉

渡辺　康麿（わたなべ・やすまろ）

　1935年，東京生まれ。慶応義塾大学経済学部卒業後，日本テレビ放送網（株）入社。その後，立教大学文学部教育学科卒業，同大学院組織神学修士課程修了，ドイツ・ミュンスター大学新約聖書学及び牧会心理学研究修了。恵泉女学園カウンセラー，玉川大学文学部教授，立正大学心理学部教授を歴任。

　現　在，生涯学習セルフ・カウンセリング学会会長，昭和女子大学人間社会学部初等教育学科講師。

　著書に，『子どもの心が見えてくる─子育てを書くお母さんたち─』（サンマーク出版，1985年）
『お母さんの自己発見─親が変われば子が変わる─』（潮文社，1986年）
『自己形成史分析入門』（建帛社，1993年）
『自分ってなんだろう』（日本エディタースクール出版部，1993年）
『先生のためのセルフ・カウンセリング』（学事出版，1995年）
『わかっていてもイライラするお母さんへ』（学陽書房，1996年）
『セルフ・カウンセリングの方法─本当の自分の姿が見える』（日本実業出版，1996年）
『反抗期とわかっていてもイライラするお母さんへ』（学陽書房，1997年）
『子どものやる気を引き出すセルフ・カウンセリング』（明治図書，1998年）
『教師のためのレター・カウンセリング』（学陽書房，1998年）
『セルフ・カウンセリング』[第2版]（ミネルヴァ書房，2001年）

連絡先　生涯学習セルフ・カウンセリング学会
　　　　〒215-0003　神奈川県川崎市麻生区高石4-23-15
　　　　TEL 044-966-0485（月曜日～金曜日，10：00～17：00）
　　　　FAX 044-954-3516

　　　　　　　　だれでもできる自己発見法
　　　　　　　　──自己評価分析入門──

2008年3月10日　初版第1刷発行　　　　〈検印省略〉

定価はカバーに
表示しています

著　者　　渡　辺　康　麿
発行者　　杉　田　啓　三
印刷者　　江　戸　宏　介

発行所　株式会社　ミネルヴァ書房
607-8494 京都市山科区日ノ岡堤谷町1
電話（075）581-5191/振替01020-0-8076

© 渡辺康麿, 2008　　　　共同印刷工業・清水製本

ISBN 978-4-623-05103-8
Printed in Japan

セルフ・カウンセリング［第2版］	渡辺康麿 著	A5 240頁 本体1900円
人生を物語る	やまだようこ 編著	A5 298頁 本体3000円
私たちの中にある物語	R.アトキンソン 著 塚田 守 訳	A5 242頁 本体2800円
表現療法	山中康裕 編著	A5 210頁 本体2000円
来談者中心療法	東山紘久 編著	A5 224頁 本体2000円
森田療法	北西憲二 中村 敬 編著	A5 392頁 本体3200円
家族療法	亀口憲治 編著	A5 280頁 本体2800円
行動分析	大河内浩人 武藤 崇 編著	A5 272頁 本体3000円
内観療法	三木善彦 真栄城輝明 竹元隆洋 編著	A5 312頁 本体3000円
カウンセリング初歩	氏原 寛 東山紘久 著	四六 248頁 本体1600円
心の一生	氏原 寛 著	四六 264頁 本体1800円
おとなになるには	氏原 寛 著	四六 228頁 本体1800円
登校拒否と家族療法	団 士郎 他著	A5 200頁 本体1800円
学校カウンセリング	氏原 寛 谷口正己 東山弘子 編	A5 232頁 本体1800円
幼児保育とカウンセリングマインド	氏原 寛 東山紘久 編著	A5 280頁 本体2600円

ミネルヴァ書房

http://www.minervashobo.co.jp/